HELGA HOFMANN

# GARTENPARADIES FÜR VÖGEL

# INHALT

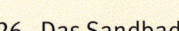

## 4 EIN GARTEN FÜR VÖGEL

## 34 GARTENVOGEL-PORTRÄTS

## EXTRAS

**Umschlagklappen:**
Von wegen »Unkraut«
Die 8 Goldenen Regeln
für den vogelfreundlichen Garten
Vogelgehölze

# EIN GARTEN FÜR VÖGEL

Ein Garten ohne Vögel wäre wohl eine ziemlich traurige Angelegenheit. So ganz ohne Gezwitscher, nur stummes Blühen? Zum Glück ist es nicht schwer, den Garten für die gefiederten Freunde attraktiv zu machen.

## Vögel im Garten, ja bitte!

Sie machen den Garten erst lebendig mit ihren Gesängen, dem Geflatter, dem gelegentlichen lautstarken Gezeter und ihrer unermüdlichen Suche nach Nahrung. Vögel sind leicht zu beobachten und immer ein Erlebnis. Grund genug, ein Futterhäuschen zu kaufen, damit möglichst viele von ihnen in den Garten kommen. Schließlich tut man damit auch etwas für den Naturschutz. Oder etwa nicht?

### Ein Beitrag zum Vogelschutz?

Wer glaubt, im Winter durch Aufstellen eines Futterhäuschens vor seiner Terrasse die bedrohte Vogelwelt Mitteleuropas retten zu können, der irrt sich. Je nach Umgebung des Gartens sind es gerade mal 15, höchstens 20 Vogelarten, die regelmäßig an die Futterplätze kommen – und die zählen allesamt nicht zu den bedrohten Arten. (Nun ja, mit Ausnahme des Haussperlings vielleicht. Der hat es neuerdings schon auf die Vorwarnliste geschafft.) Und dennoch! Nicht nur einzelne, nein, tatsächlich alle Vögel profitieren in gewisser Weise von der Fütterung im Garten oder auf dem Balkon. Wer sich nämlich täglich um die gefiederten Besucher kümmert, sie beobachtet und seine Freude daran hat, baut unweigerlich eine Beziehung zu ihnen auf. Der findet Vögel bald faszinierend, auch die, wohlgemerkt, die nicht in seinen Garten kommen. Und dieses Interesse nützt der gesamten Vogelwelt, denn was man liebt und schätzt, dafür ist man auch bereit, sich einzusetzen, wenn Gefahr droht. Unsere Kulturlandschaft wird immer ärmer an Tier- und Pflanzenarten. Die Felder werden mit der Giftspritze von »Unkraut« und erst recht von Insekten frei gehalten, und in den Forsten sucht man vergeblich nach Baumveteranen mit Höhlen oder gar morschen Stämmen. Waldvögel finden keine Wohnhöhlen mehr, die Vögel der Feldflur immer weniger Insekten und feine Kräutersamen. Hier können Gärten tatsächlich einen Ausgleich bieten. Zum einen mit künstlichen Nisthöhlen, zum andern durch eine vogelgerechte Gestaltung. Gerade in Gartensiedlungen kann im Idealfall – wenn alle mitmachen – eine zusammenhängende Fläche entstehen, die vielen Vogelarten neuen Lebensraum bietet.

# Der vogelgerechte Garten

Damit sich das ganze Jahr über möglichst viele verschiedene Vögel in Ihrem Garten einfinden, ist es wichtig, bereits bei dessen Gestaltung anzusetzen. Machen Sie Ihre grüne Wohlfühloase zu einem möglichst vielfältigen Lebensraum.

## Gehölze sind das A und O

Vögel bewegen sich dreidimensional. Folglich müssen wir unseren Garten auch über dem Boden so gestalten, dass die gefiederten Freunde eine gute Wohnsituation vorfinden. Die einen bauen ihr Nest am liebsten in hohen Baumkronen wie Buchfink, Gimpel oder Wacholderdrossel, andere klettern wie Buntspecht oder Kleiber an den Stämmen rauf und runter. Wieder andere ziehen dichtes Buschwerk vor, in dem sie rasch gute Deckung finden und vor Feinden aus der Luft, etwa Turmfalke oder Sperber, ebenso geschützt sind wie vor Katzen. Und einige suchen auf freien Flächen nach Nahrung wie Amsel oder Star, brüten aber in den oberen Etagen.

> Ein Garten, in dem sich Stauden, kleine und große Sträucher, Bäume und Rasenflächen zu einem vielfältigen Lebensraum fügen, bietet auch den unterschiedlichsten Vögeln Heimat und Nahrung.

Wenn es also die Grundfläche Ihres Gartens erlaubt, pflanzen Sie Bäume und Sträucher. Letztere am besten als frei wachsende Hecke. Obendrein aber auch Stauden, sei es in Schmuckbeeten, sei es am Rand der Hecke. Eine freie Rasenfläche ist gleichfalls wichtig, ob groß oder klein. Im besten Fall kommt dazu noch Wasser in Form eines Gartenteichs mit einem flach auslaufenden Uferbereich, wo die Gefiederten trinken und ihr Bad nehmen können (→ Seite 26).

»Das hat auf meinem kleinen Grundstück nie und nimmer alles Platz«, werden Sie vielleicht sagen. Dann lesen Sie auf Seite 14, wie Sie auch aus einem kleinen Garten ein »Vogelparadies« machen.

## Vögel lieben Unordnung

Man kann es nicht oft genug betonen: Einen fein säuberlich »aufgeräumten« Garten mit gejäteten Beeten und gepflegtem englischen Rasen betrachten Vögel nicht als ideale Wohnlage. Sie lieben es »natürlich«. Je größer die Pflanzenvielfalt – und das gilt auch für den Rasen –, desto mehr Insekten stellen sich ein, die ihrerseits wieder Eier legen, aus denen Larven schlüpfen. Die Mehrzahl unserer Gartenvögel ernährt sich überwiegend von Insekten und anderen Kleintieren. Nur im Herbst und Winter, wenn es an Krabbeltieren mangelt, weichen sie auf Sämereien, Obst und Beeren aus.

Ein Garten »wie Kraut und Rüben« entspricht nicht Ihrem Geschmack? Vielleicht können Sie sich ja mit unseren gefiederten Freunden auf einen Kompromiss einigen, etwa folgendermaßen: Ihnen »gehört« der Vorgarten mit den hübsch angelegten und gepflegten Rabatten, den Vögeln überlassen Sie den Bereich hinter dem Haus mit einer bunten Blumenwiese, vielen Wildstauden neben den Sträuchern und einer Kompostmiete in der Ecke. Noch

Die Blaumeise sucht im Frühling Blütenzweige nach kleinen Insekten ab. Zwischendurch nascht sie auch gern am Pollen und Nektar der Blüten.

zu viel der Ungepflegtheit? Vielleicht wenigstens die Ecke hinter dem Gerätehäuschen? Dort lassen Sie dann einfach Disteln und Brennnesseln stehen und das Falllaub im Herbst liegen. Ein größerer oder kleinerer Kompromiss lässt sich sicherlich finden.

## Kein Gift, bitte!

Wer Vögel liebt, verzichtet im Garten generell auf Gift, sei es gegen Blattläuse, Raupen oder andere »Schädlinge«. Nicht nur, dass die Insektizide das Speiseangebot dezimieren, über die Nahrungskette landen auch die Giftstoffe selbst in den Vögeln und richten dort schwerwiegenden Schaden an. Und nicht zuletzt schaden Sie auch Ihrer eigenen Gesundheit sowie der Umwelt damit.

Wer viele Vögel in seinem Garten hat, bei dem nehmen unliebsame Insekten kaum jemals überhand. Wie wirkungsvoll die gefiederten Gartenhelfer sind, zeigen Aufzeichnungen, die Biologen bei der Beobachtung von Kohlmeisen machten: Während der Brutsaison flogen die Vogeleltern durchschnittlich 900-mal pro Tag mit einem Insekt im Schnabel zum Nest, hinzu kommt noch die eigene Ernährung! Übrigens: Auch die Körnerfresser unter den Vögeln ziehen zumindest ihre Jungen mit Insektennahrung groß, machen sich also nicht minder nützlich.

## Ein Garten für Insekten

Um Vögel anzulocken, braucht es also zuerst einmal Insekten. Wo keine Insekten, da keine Vögel.
> Sorgen Sie dafür, dass vom Frühjahr bis zum Herbst immer etwas in Ihrem Garten blüht, das den Insekten nahrhaften Nektar und Pollen liefert.

Besonders wertvoll sind früh blühende Sträucher wie Weiden oder Haselnuss, aber auch die große Vielfalt einer bunten Blumenwiese. Im Staudenbeet sind heimische Arten geeigneter als exotische, sind einfache, ungefüllte Blüten besser als gefüllte.
> Mähen Sie Teilstücke Ihres Rasens höchstens zwei- bis dreimal im Jahr, damit sich Insekteneier, Larven und Raupen entwickeln können und nicht mit dem Grasschnitt entsorgt werden.
> Lassen Sie Wildkräuter (»Unkraut«) als Insektennahrung und Raupenfutterpflanzen stehen.
> Falllaub unter Bäumen und Sträuchern dient nicht nur als Mulchdecke für den Boden, es gibt auch überwinternden Insekten und Larven Schutz.

## Gefahrenquellen entschärfen

Die Natur steckt voller Gefahren, auch Vögel müssen damit leben. Doch im Umfeld von uns Menschen kommen noch einige Risiken hinzu, etwa die vielen Hauskatzen oder großflächige Glasscheiben.
**Nester auf Bäumen schützen** Um Katzen davon abzuhalten, auf Bäume zu klettern, auf denen eine Vogelfamilie ihr Nest hat, sollten Sie am Baumstamm eine Barriere anbringen. Das kann eine handelsübliche Stachelmanschette sein, oder Sie legen eine etwa 50 cm breite, glatte Blech- bzw. Plastikmanschette um den Stamm. Stachelige Brombeerranken zeigen gleichfalls Wirkung. Auf den Einsatz von Stacheldraht sollten Sie hingegen verzichten. Der sieht nicht nur martialisch aus, sondern birgt für Katzen, aber auch Eichhörnchen die Gefahr ernsthafter Verletzungen. Bringen Sie den Abwehr-

Der üppige Wilde Wein gibt nicht nur dem Haus ein grünes Kleid, er bietet auch so manchem Vogelpaar einen vor Katzen geschützten Nistplatz.

So eine Stachelmanschette um den Stamm sieht gewiss nicht attraktiv aus, kann aber so manches Vogelnest vor dem Zugriff einer Katze bewahren.

Blumenampeln vor den Fenstern verhindern, dass Vögel mit Tempo gegen die Scheiben fliegen. Zugleich sind sie von außen und innen schön anzuschauen.

gürtel in mindestens 1 m Höhe über dem Boden an, damit die Katze nicht in einem beherzten Satz oberhalb an den Stamm springen kann.

**Glasflächen kenntlich machen** In großflächigen Fensterscheiben, in denen sich die Sträucher und Bäume des Gartens oder der Himmel spiegeln, glauben Vögel einen offenen Luftraum zu erkennen und fliegen mit vollem Schwung dagegen. Der Irrtum kann tödlich ausgehen.
Unterbrechen Sie daher das große Spiegelbild durch Gegenstände, die Sie vor der Scheibe aufhängen oder auf diese kleben. Außen davorhängen oder aufkleben, wohlgemerkt, nicht innen! Das kann ein Mobile sein, einige sich drehende Windspiele oder eine Blumenampel.

**Keine Netze** Netze können für Vögel fatal sein. Sie bleiben beim Landeanflug mit den Zehen darin hängen und verletzen sich in ihrem Bemühen, sich loszureißen. Verzichten Sie daher im Garten auf dekorativ drapierte Netzstoffe, und sehen diese noch so maritim oder romantisch aus. Und sparen

Sie sich, auch wenn es schwerfällt, das Abdecken des fruchtenden Kirschbaums oder der Johannisbeersträucher. Gewiss, die Vögel holen sich so ihren Teil der süßen Früchte. Vielleicht betrachten Sie dies aber als Obolus für die erwiesenen Dienste bei der Insektenvernichtung (→ Seite 7).

## Kein Heckenschnitt zur Brutzeit!

Auch wenn Ihre Hecke schon ein wenig die Form verliert: Während der Brutzeit der Gartenvögel sollten Sie die Heckenschere ruhen lassen. Sie könnten die brütenden oder die Jungen wärmenden Vogeleltern so erschrecken, dass diese ihre Brut aufgeben. Dann heißt es für die gestressten Vögel, noch einmal von vorn anzufangen, obwohl womöglich die Zeit des Sommers nicht mehr ausreicht. Nehmen Sie daher einen Hecken- oder Strauchschnitt frühestens ab Ende Juli vor, wenn auch die zweiten Bruten »durch« und alle Nestlinge flügge sind. Dasselbe gilt natürlich für den Rückschnitt von Baumkronen.

# Sträucher für Vögel

Sträucher sind für Vögel immens wichtig, egal, ob sie einzeln stehen oder zu einer Hecke zusammengefasst sind. Ob die Hecke in eine akkurate Form geschnitten ist oder sich aus frei wachsenden Büschen zusammensetzt, hängt von Ihrem Geschmack und der Größe Ihres Gartens ab. Für die Gefiederten spielt es keine Rolle.

## Gute Deckung

Sträucher bieten den Vögeln einen perfekten Schutz. Sie können bei Gefahr flugs zwischen ihre Zweige schlüpfen und damit für die Augen von Feinden praktisch unsichtbar werden. Tragen die Zweige zudem Stacheln oder Dornen, kommt auch keine noch so wendige Katze hinterher. Immergrüne Sträucher wie Berberitze, Eibe oder Mahonie geben auch im Winter ein perfektes Versteck ab. Viele Vogelarten bauen ihre Nester in Strauchgehölzen. Je dichter diese sind, desto besser, und Dornen bieten zudem noch eine Extraportion Schutz. Zaunkönig, Heckenbraunelle und Rotkehlchen, die allesamt im bodennahen Dickicht brüten, freuen sich über ein Gewirr aus stacheligen Brombeerranken. Auch Weißdorn und Feuerdorn gelten bei Vögeln als beste Wohnlage.

## Begehrte Kraftnahrung

Sträucher liefern den Gartenvögeln aber auch reichlich Nahrung. Zum einen, wenn sie im Frühjahr austreiben; nach der harten Winterzeit sind die vitaminreichen Knospen bei vielen Vögeln sehr begehrt. Zum andern, wenn sie mit ihrem Blütenschmuck zahllose Insekten anlocken – die dann prompt in den hungrigen Schnäbeln landen. Und nicht zuletzt, wenn sie im Sommer oder Herbst ihre wohlschmeckenden Früchte feilbieten.

Während Insektennahrung vorwiegend Proteine (Eiweißstoffe) liefert, die insbesondere von den Jungen zum Wachstum benötigt werden, beziehen die Vögel von den Beeren der Sträucher vor allem Kohlenhydrate, aber auch Vitamine und Mineralstoffe. Besonders wichtig sind diese im Herbst für die Zugvögel. Sie helfen ihnen, fit zu werden für die Anstrengungen ihrer langen Reise.

Lassen Sie also die beerentragenden Sträucher in Ihrem Garten im Herbst möglichst ungeschnitten. Den Hecken- oder Strauchschnitt können Sie in den meisten Fällen getrost auf den Spätwinter oder den Vorfrühling verschieben, wenn die Vögel die Zweige bereits abgeerntet haben.

## Giftig oder nicht?

Nicht wenige der Gehölzfrüchte sind für uns Menschen giftig. Vögel haben aber einen anderen Stoffwechsel als wir und können die meisten dieser Beeren problemlos fressen, ohne Schaden zu nehmen. Das gilt z. B. für die Früchte von Pfaffenhütchen, Efeu, Eibe, Kreuzdorn oder Seidelbast. Wenn in Ihrem Garten öfters kleine Kinder spielen, sollten Sie auf solche Sträucher aber lieber verzichten und den Vögeln stattdessen andere Nährgehölze anbieten. Die Auswahl ist groß genug!

Übrigens: Die vor allem in frei wachsenden Hecken beliebte Lorbeerkirsche, auch Kirschlorbeer genannt, hat für Vögel keinen Nährwert. Ihre schwarzen Steinfrüchte werden von ihnen gemieden. Allerdings gewährt ihr dichtes, immergrünes Laub den Vögeln im Winter eine gute Deckung.

**KARTOFFELROSE** Ihre Blüten ziehen Insekten an, ihr stacheliges Gezweig bietet besten Schutz, und die Hagebutten sind eine vitaminreiche Nahrung.

**SCHLEHE** Die blauschwarzen Beeren bleiben bis weit in den Winter hinein am Strauch, ja, sie werden erst nach den ersten Frösten wirklich schmackhaft.

**WEISSDORN** Die dornigen Zweige des Strauchs eignen sich bestens als Neststandort, die Früchte dienen vielen Vögeln als vitaminreiche Nahrung.

**LIGUSTER** Seine weißen Blüten locken viele Insekten an, und die schwarzen Beeren sind eine beliebte Winternahrung für Amseln, Drosseln und die seltenen Seidenschwänze.

**MEHLBEERE** Die spät im Herbst reifenden Früchte bleiben im Winter an den Zweigen stehen und stellen dann eine wertvolle Nahrung für die Vögel dar.

**FEUERDORN** Seine bis weit in den Winter hinein am Strauch bleibenden Beeren werden von vielen Vögeln gerne gefressen (hier ein Amsel-Weibchen).

**SCHNEEBALL** Die schneeweißen, von Insekten umsummten Blüten reifen im Herbst zu kleinen Steinfrüchten, die bis in den Winter am Strauch bleiben.

**SCHWARZER HOLUNDER** Die saftigen, wohlschmeckenden Beeren erfreuen sich nicht nur bei der Mönchsgrasmücke besonderer Beliebtheit.

**KREUZDORN** Die winzigen Blüten des mit Dornen besetzten Strauchs ziehen Fliegen und andere Kleininsekten an – Futter für hungrige Vogelschnäbel. Die schwarzglänzenden Beeren sind für den Menschen giftig, Vögel hingegen verzehren sie gerne.

**SCHNEEBEERE** Der aus Nordamerika stammende, niedrige Strauch wird bei uns oft als Vogelschutzgehölz gepflanzt. Seine giftigen, beerenartigen Steinfrüchte bleiben bis in den Winter an den Zweigen und werden vor allem von Drosseln und Finken gern gefressen.

**PFAFFENHÜTCHEN** Form und Farbe der Früchte haben dem Strauch den Namen gegeben. Für uns sind diese giftig, doch Vögel, v.a. Finken, lieben sie.

**SANDDORN** Mit seinem dichten Fruchtschmuck, der bis in den Winter am Strauch bleibt, ist er ein erstklassiges Vogelnährgehölz und zugleich eine winterliche Gartenzierde.

**MAHONIE** Der immergrüne Strauch verbirgt Nester, Meisen naschen Nektar aus den gelben Blüten, und Amseln wie auch Drosseln fressen die Beeren.

**EFEU** Als Ausnahme unter unseren Gehölzen blüht der Efeu erst im Herbst. Seine blauschwarzen Beeren reifen von Januar bis April und werden dann gerne von heimgekehrten Zugvögeln, wie hier der Singdrossel, gefressen.

# Mein Garten: groß – klein – noch kleiner

Wer glücklicher Besitzer eines großen Gartens ist, hat alle Möglichkeiten, diesen in ein Vogelparadies zu verwandeln. Am Rand hohe Bäume und frei wachsende Hecken aus heimischen Sträuchern, dazu im Idealfall eine Streuobstwiese mit alten Obstbäumen und gelegentlich Fallobst, das liegen bleiben darf. In der Mitte des Gartens weite Rasenflächen, zumindest Teile davon mit einer Mischung bunter Wildblumen durchsetzt. Ein ausgedehnter Gartenteich, dessen Ufer wenigstens teilweise flach auslaufen. Aber auch einige Trockensteinmauern mit Ritzen zum Stochern nach Kleintieren und Hohl-

räumen für die Nester von Nischenbrütern. Nicht zu vergessen: eine großzügige Ecke für den Komposthaufen, der nicht nur Schnittgut verrotten lässt, sondern mit seiner Wärme ganz nebenbei auch massenhaft kleine Insekten ausbrütet. Von solch einem Garten träumen nicht nur wir Menschen …

## Der Vorstadtgarten

Vor allem in städtischen Bereichen sind in den letzten Jahrzehnten die Gartenflächen immer kleiner geworden, eine Folge steigender Immobilienpreise und der immensen Bebauungsverdichtung. Die meisten Bewohner müssen ihren Garten zwangsläufig mit kleinen Bäumen und platzsparenden Schnitthecken strukturieren. Das Element Wasser ist durch kleine Zierbecken oder plätschernde Brunnen vertreten, das schmale Rasenstück muss für die spielenden Kinder durch Mähen kurz gehalten werden. Durch die richtige Auswahl der Gehölze (→ Seite 10) und Stauden (→ Seite 18) sowie biologisches Gärtnern können Sie den Vögeln dennoch das Bestmögliche bieten. Vor allem Kletterpflanzen an Haus- und Garagenwänden oder Pergolen brauchen wenig Grundfläche, bieten aber viel Raum für Vogelleben. Als Beispiele seien Efeu, Wilder Wein, Jungfernrebe, Glyzine, Feuerdorn und Geißblatt genannt. Auch Spalierobst wie Birne, Pfirsich, Weinreben oder andere wärmeliebende Sorten sind bei Mensch und Vogel gleichermaßen beliebt.

Der Volksmund hat der Eberesche nicht umsonst den Namen »Vogelbeerbaum« gegeben. Viele Vögel sind ganz wild auf die Beeren.

Ein Spalierobstbaum hat auf der kleinsten Fläche neben dem Haus Platz, und Menschen wie Vögel profitieren gleichermaßen davon.

Die sonnenhungrige Glyzine klimmt an Pergolen und Spalieren empor und schmückt sie mit üppigen Blüten. Ihre verholzten Triebe bieten Nestern guten Halt.

## (Sehr) Klein, aber fein

Selbst wer nur wenige Quadratmeter Grün sein Eigen nennt oder mit nur einer (Dach-)Terrasse auskommen muss, kann diese zu einem Anziehungspunkt für Vögel machen. Füllen Sie einfach die zur Verfügung stehende Fläche mit so viel Grün wie möglich. Und so hoch wie möglich.

› Für große Pflanzkübel werden zahlreiche Hochstämmchen angeboten, z. B. Ginster, Hibiskus, Fuchsien, Rosen, Zypressen oder Trauer-Salweide.

› Am Rand der Terrasse können Kletterpflanzen wie Hopfen, Geißblatt, Prunkwinde oder Feuerdorn an Rankgittern emporwachsen. Sehr beliebt bei Vögeln ist der Schlingknöterich, zieht er doch mit seinem Blütenschleier unzählige Insekten an und produziert später nahrhafte kleine Nussfrüchtchen.

› Ist Ihr Gärtchen von Maschendrahtzaun umgeben, lässt sich auch dieser mit Kletterpflanzen wie Prunkwinde, Duft- oder Edelwicke begrünen.

› Mit Blumentöpfen kann man auch »hochstapeln«. Stellen Sie diese in Pflanzenregale oder hängen Sie sie mit Haken an Wandgitter. Auch als Ampeln gewinnen sie an Höhe.

Vielleicht hängen Sie den Meisen ja auch eine Nisthöhle in einer Kletterpflanze auf? Vor allem Blaumeisen sind oft nur wenig scheu und ziehen ihre Jungen in nächster Nähe zu den Menschen groß. Mit einigem Glück bauen sogar Rotkehlchen- oder Amseleltern ihr Nest in einer Ihrer Terrassenpflanzen. Während Nestbau und Jungenaufzucht ist jedoch Rücksichtnahme geboten, um die Vögel nicht zu vergrämen. Insbesondere beim Nestbau reagieren Vögel sensibel auf Störungen und geben den Nistplatz schnell wieder auf. Ist das Brüten oder Füttern der Jungen dann schon mal im Gange, lassen sich die Vogeleltern dagegen nicht mehr so leicht vertreiben. Nun können Sie eine langsame, vorsichtige Annäherung in kleinen Schritten wagen. Ob Sie zumindest zeitweise auf Balkon oder Terrasse verzichten wollen, ist sicher eine Frage der persönlichen Einstellung. Platz für eine oder mehrere Futterstellen im Winter findet sich jedenfalls immer.

# Untermieter auf dem Balkon

Insbesondere im städtischen Umfeld ersetzt häufig ein Balkon den Garten. Auch wenn darauf kein Platz ist für Bäume oder Sträucher, Vögel kommen trotzdem zu Ihnen – sofern sich im Umfeld des Hauses Gärten oder Grünanlagen mit Gehölzen befinden. Vom Ast eines benachbarten Baums bis zu Ihrem Balkon ist es für einen Vogel nicht weit. Und wenn er dort dann etwas Attraktives vorfindet und ungestört bleibt, merkt er sich den Weg rasch und kommt gerne immer wieder.

## Auf gute Nachbarschaft

Nicht wenige Balkonbesitzer können erfreut »ein Lied davon singen«, dass Amseln, Mehlschwalben, Bachstelzen oder Sperlinge direkt vor ihrem Wohnzimmerfenster Quartier bezogen haben.

Die Beeren der Torfmyrte werden im Herbst und Winter gerne von Vögeln gefressen. Bei starken Minusgraden ist allerdings Frostschutz gefragt.

Die Wahl des Nistplatzes kann auf den Blumenkasten gefallen sein oder auf den Rollladenkasten, das Nest kann auf einem Balken oder einer Trennwand sitzen oder, sofern eine Mehlschwalbe bei Ihnen eingezogen ist, im Mauerwinkel unter dem darüberliegenden Balkon kleben. Gibt es eine schönere Gelegenheit, das Familienleben der gefiederten Freunde aus nächster Nähe zu beobachten? Verfolgen Sie das muntere Treiben aber möglichst nur aus dem Zimmer heraus, und schränken Sie, insbesondere während der Nestbauphase, die Nutzung Ihres Balkons deutlich ein (→ Seite 15), um die Vogeleltern nicht zu vergrämen.

Vor allem bei einem Schwalbennest an der Hauswand empfiehlt es sich, darunter ein 30 cm breites Brett zum Abfangen der unschönen Hinterlassenschaften der an- und abfliegenden Vogeleltern anzubringen. Befestigen Sie ein solches Kotbrett wenn möglich etwa 0,5 m unterhalb des Nests an der Wand. So bleibt der Balkonboden weitgehend frei von »Gekleckere«, und das Brett lässt sich nach der Brutsaison leicht reinigen. Auch bei einem Nest, das auf einem Dachbalken thront, hat es sich bewährt, ein Brett oder eine steife Folie am Boden auszulegen und so die Vogelkleckse aufzufangen.

## Balkongenüsse

Klar, eine Balkonbepflanzung sollte in erster Linie eine Augenweide sein. Aber warum immer nur Pelargonien oder Petunien? Mehr Abwechslung kann durchaus attraktiv aussehen und zugleich Schmackhaftes für Vögel bereithalten, z. B.

> eine Handvoll Getreidekörner, die Sie im Frühjahr in einen Pflanztrog aussäen und reifen lassen;

› niedrig bleibende Sorten von Sonnenblumen, deren Blütenkörbe nach dem Abblühen stehen bleiben dürfen, bis die Samen reif sind;

› einige Zweige von Beerensträuchern, die Sie im Herbst von einem Spaziergang mitgebracht und in den Balkonkasten gesteckt haben;

› einen Feuerdorn (*Pyracantha coccinea*), den Sie an einem Rankgitter hochziehen;

› Zwerggehölze, die im Balkonkasten oder in Pflanzkübeln wachsen und sich im Sommer oder Herbst mit Beeren schmücken. Achten Sie bei der Auswahl der Arten aber darauf, dass die Vögel auch Geschmack an den bunten Beeren finden (→ Info). Die in Gartencentern oft angebotene Rote Teppichbeere (*Gaultheria procumbens*) wird z. B. wegen ihrer scharfen ätherischen Öle eher gemieden.

## Vogelfütterung am Balkon

Eine Futterstelle zieht im Winter zahlreiche gefiederte Kostgänger zu Ihrem Balkon, gleichgültig, ob es sich um ein klassisches Futterhäuschen oder ein

An dem Futterhäuschen auf dem Balkongeländer tun sich eine Schar Grünfinken und ein Kernbeißer an den geschälten Sonnenblumenkernen gütlich.

modernes Futtersilo handelt. Was das Nahrungsangebot und die Hygiene anbelangt, gilt für eine Fütterung auf dem Balkon natürlich dasselbe wie für Futterstellen im Garten (→ Seite 29 und 30). Wenn Sie Sonnenblumenkerne, solo oder in Mischfutter, verwenden, kaufen Sie diese am besten in geschälter Form. Damit haben Sie nicht so viel Arbeit, die von den Vögeln fallen gelassenen Schalen am Boden aufzukehren.

Und keine Sorge, dass die Besucher der Balkon-Futterstellen vermehrt gegen die Fensterscheiben prallen könnten. Bei 1–2 m Entfernung zwischen Futterhäuschen und Fenster richten die anfliegenden Vögel ihre Aufmerksamkeit voll und ganz auf das Futter und bremsen rechtzeitig ab. Bei sehr großen Glasflächen kann es allerdings dennoch nicht schaden, diese vorsichtshalber durch davor aufgehängten Zierrat zu »entschärfen« (→ Seite 9). Die Auswahl ist groß!

---

## Fruchttragende **Zwerggehölze**

**ZWERGGEHÖLZE,** die in Pflanztrögen gedeihen und leckere Früchte für Vögel tragen, sind:

› Blutberberitze *(Berberis thunbergii)* 'Atropurpurea Nana'
› Kriechmispel *(Cotoneaster dammeri)* 'Coral Beauty'
› Teppichmispel *(Cotoneaster dammeri)* 'Radicans'
› Torfmyrte *(Pernettya bzw. Gaultheria mucronata)*
› Amethystbeere *(Symphoricarpos doorendosii)* 'Magic Berry'

# Vogelfreundlicher Staudengarten

Was wäre ein Garten ohne Vogelgezwitscher? Doch das ist nicht zu haben ohne das Summen von Insekten – sei es, weil die Kerbtiere oder ihre Larven direkt in die hungrigen Vogelschnäbel wandern, sei es, weil die Insekten für die Bestäubung der Blüten und damit für eine reiche Samenproduktion der Pflanzen sorgen, Samen, die wiederum vielen verschiedenen Vögeln schmecken.

Locken Sie also durch geeignete Bepflanzung und biologisches Gärtnern möglichst viele Insekten in Ihren Garten. Die Vögel werden ganz von selbst nachfolgen (→ Seite 8). Und achten Sie bei der Zusammenstellung Ihrer Pflanzen darauf, dass über einen möglichst langen Zeitraum des Jahres etwas blüht. Das schmückt nicht nur Ihre Staudenbeete, sondern verlängert auch die Insektensaison.

## Heimvorteil

Lieben Sie die großen, runden Blütenköpfe Ihrer Kaktusdahlien oder Ihre prachtvollen, gefüllten Bourbon-Rosen? Durchaus verständlich. Leider sind Insekten davon nicht so begeistert. Die zusätzlichen Blütenblätter von gefüllten Sorten gehen nämlich auf Kosten der Nektar und Pollen produzierenden Blütenteile. Sind noch Staubbeutel und Nektardrüsen vorhanden, verwehren die vielen, dicht stehenden Blütenblätter den Insekten den Zugang. Pflanzen Sie also neben Ihren exotischen Lieblingen auch schlichte, ungefüllte Sorten ins Schmuckbeet, damit die Insekten Nahrung finden. Am besten angepasst sind die Krabbeltiere an heimische Blütenpflanzen. Einige heimische Blütenstauden, die für Insekten besonders attraktiv sind, finden Sie im Kasten rechts aufgelistet.

## Unkraut – besser als sein Ruf

So manche Wildkräuter, die sich in den Garten einschleichen, werden vom Gärtner gar nicht gerne gesehen und schlicht als »Unkraut« bezeichnet. Und das wird kurzerhand gejätet – sehr zum Bedauern unserer Vögel. Nur ein paar Beispiele:

Wie viele andere Gartenvögel lässt sich auch das Gimpel-Männchen die feinen Samen der verblühten Brennnesselstaude schmecken.

> Die kleine Vogelmiere, die sich gerne in Rabatten breitmacht, trägt ihren Namen nicht umsonst. Viele Vögel tun sich an ihren saftigen, zarten Trieben, den winzigen Knospen, Blüten und Samen gütlich.

> Auch die Vogelwicke und die nah verwandte Zaunwicke sind anspruchslose und starkwüchsige Pflänzchen, die trotz ihrer hübschen Blüten im Ziergarten nicht gern gesehen sind. Dabei ziehen sie nicht nur Unmengen Insekten an, ihre eiweißreichen Samen sind eine begehrte Vogelnahrung.

> Der Löwenzahn, der den gepflegten Rasen (zum Unmut so mancher Gärtner) mit gelben Tupfen verziert, wird besonders von Grünfinken geschätzt. Sie zupfen eifrig die noch unreifen, weichen Samen aus den Pusteblumen. Anders als die meisten Körnerfresser verfüttern Grünfinken nämlich kaum Insektenkost an ihre Brut, sie ziehen ihre Jungen überwiegend mit weichen Sämereien groß.

> Sogar die Brennnesseln, die in einer entlegenen Gartenecke wachsen, sind aus Vogelsicht sehr begrüßenswert, legen doch eine ganze Reihe von Schmetterlingsarten ihre Eier darauf ab. Die geschlüpften und die Blätter verzehrenden Raupen sind für Vogelgaumen eine Delikatesse.

## Abgeblühte Samenstände

Überwinden Sie sich, und lassen Sie einige verwelkte Blütenstände einfach auf dem Beet stehen. Die Samenhaare vieler Stauden wie auch von Wildkräutern verwenden Vögel zur Nestauspolsterung, damit der Nachwuchs ein kuscheliges Bett hat. Und im Herbst oder Winter turnen vor allem kleine Vögel wie Grünlinge, Spatzen oder Stieglitze an verbliebenen Samenständen hoher Stauden herum und picken die Körner heraus. Der Klassiker sind dabei die großen Sonnenblumen, deren Fruchtstände die bekannten ölreichen Samen liefern.

Von Reif geschmückt geben die Samenstände der Wilden Karde ein malerisches Bild ab. Für den Stieglitz sind sie eine Quelle ölreicher Samen.

### Heimische Stauden für Insekten

BALDRIAN  Die zartrosa Schirmrispen ziehen im Frühsommer zahllose Insekten an.

BEINWELL  Kommt mit gelblich weißen und mit violetten bis purpurnen Blüten vor.

WALDENGELWURZ  Mannshohe Staude mit flachen Blütenständen, am besten für den Gehölzrand.

KORNBLUME  Ihre Blüten bereichern den Garten um kräftig blaue Farbkleckse.

MÄDESÜSS  Vor allem abends duften die großen, weißen Blütenstände verlockend süßlich.

SCHMALBLÄTTRIGES WEIDENRÖSCHEN  Bildet als größerer Bestand im Hochsommer eine purpurrote Farborgie.

# Hilfen für den Nestbau

Wenn Vögel im Garten brüten und ihre Jungen großziehen, gibt es viel zu beobachten: zuerst das Zusammentragen des Nestmaterials, später das eifrige Anschleppen von Insekten für die Jungen und zuletzt die bettelnden Jungvögel auf den Zweigen, in deren aufgesperrte Schnäbel die Eltern vor aller Augen Futter stopfen. Obendrein gehen die emsigen Gesellen dem Gärtner bei der Schädlingsbekämpfung eifrig zur Hand (→ Seite 7). Gute Gründe also, Ihre gefiederten Freunde zu animieren, ihr Nest bei Ihnen im Garten zu bauen.

## Nisthilfen für Freibrüter

Beim Stichwort »Nisthilfen« denken sicher die meisten zuerst an Nistkästen. Dabei brütet die Mehrzahl unserer Vogelarten gar nicht in Höhlen,

In einer Haltespirale für Meisenknödel können Sie den kleinen Nestbauern im Frühjahr Heu, Rohwolle, getrocknetes Moos oder Ähnliches anbieten.

sondern wie Amsel, Drossel oder Fink im Gezweig der Gehölze. Ein Garten für Vögel ist daher immer auch ein Garten mit Bäumen und Sträuchern.

Vor allem in neu angelegten Gärten mit jungen Gehölzen finden die sogenannten »Freibrüter« aber kaum geeignete Stellen für ihr Nest. Mit ein paar Handgriffen können Sie hier ein wenig nachhelfen:

> Binden Sie einige etwa 1 m lange, biegsame Weidenruten als Bündel an einen Baumstamm, und zwar so, dass ihre Spitzen nach unten weisen. Biegen Sie die freien Zweigspitzen nun nach oben um, und fixieren Sie diese mit einer weiteren Schnur über den Schnittenden. In die entstandenen Zweigschlingen flechten Sie noch etwas Nadelreisig oder andere dicht belaubte Zweige locker ein. Achten Sie dabei darauf, dass seitlich eine kleine Eingangsöffnung bleibt. So entsteht eine Tasche, in der Rotkehlchen und Co. einen stabilen und blickgeschützten Platz für ihr Nest finden.

> Für die Maurermeister unter unseren Vögeln, wie z. B. Schwalben, können Sie eine kleine Lehmkuhle anlegen und feucht halten. Daran bedienen sich dann auch Amseln und Drosseln, die ihr aus Zweigen geflochtenes Napfnest zunächst mit einer Schicht Lehm und schließlich mit weichem Polstermaterial ausstaffieren. Sogar Kleiber holen sich manchmal einige Schnäbelvoll feuchte Erde, um damit das Loch einer von ihnen bezogenen Spechthöhle ihrer eigenen Größe anzupassen.

## Weiche Ausstaffierung

Ob Frei- oder Höhlenbrüter – die meisten Vogeleltern geben sich viel Mühe bei der Auspolsterung des Nests. Ihr Nachwuchs soll schön weich und warm gebettet sein. Auf der Suche nach Polstermaterial freuen sie sich über folgendes Angebot:

› etwas Heu aus dem Vorrat für das Kaninchen;
› in kurze Stücke geschnittene Wollfäden, die bei der letzten Strickarbeit übrig geblieben sind;
› Federchen aus einem ausrangierten Kopfkissen;
› Füllwatte, wie man sie für selbst genähte Puppen und Stofftiere benützt;

› Moos, das Sie vom Waldspaziergang mitgebracht und im Haus gründlich (!) getrocknet haben;
› ausgekämmte Fellhaare von Hund oder Katze.
Heu, Moos oder Füllwatte können Sie in einer Futterspirale anbieten, wie sie im Winter für Meisenknödel zu haben ist, feinere Materialien finden in einem zur Rolle gebogenen Hasengitter Platz, das Sie waagrecht ins Gezweig eines Strauchs hängen.

**1 TRAGFLÄCHE FLECHTEN** Versuchen Sie sich einmal selbst am Nestbau. Um einen Nestbeutel für Zaunkönig, Fitis oder Zilpzalp zu flechten, nehmen Sie 6 weiche, biegsame Zweige (z. B. Weide, Haselnuss, Holunder) und schneiden mit einem scharfen Messer in der Mitte jedes Zweigs einen kurzen Schlitz. Flechten Sie die Zweige dann zu einer kleinen Plattform ineinander (→ Bild 1).

**2 BEUTEL FORMEN** Vergrößern Sie die »Kreuzungsplattform« noch ein wenig, indem Sie einen weiteren biegsamen Zweig oder einige lange Strohhalme im Kreis darum herumflechten. Biegen Sie dann die Enden der gekreuzten Ruten so zusammen, dass eine Beutelform entsteht (→ Bild 2), und fixieren Sie diese mithilfe von Bindedraht. Am besten geht das zu zweit: Einer biegt, der andere umwickelt die Enden fest mit Draht.

**3 WEICHE WÄNDE** Durch Einflechten von Heu und Moos in das Wandgerüst entsteht ein Beutelnest. Lassen Sie dabei einen großen seitlichen Eingang frei (→ Bild 3). Die Innenausstattung übernehmen die künftigen Bewohner dann selbst. Hängen Sie die Nestkugel ca. 0,5–1 m hoch an eine geschützte Stelle im Gebüsch, in ein Spaliergehölz oder an eine efeubewachsene Wand.

# Nistkästen aufhängen

Können Vögel, die ihre Brut in Höhlen großziehen, in Ihrem Garten alte Bäume mit Spechthöhlen oder morschen Astlöchern finden, um darin ihr Nest zu bauen? Höchstwahrscheinlich nicht. Um höhlenbrütende Vögel in Ihren Garten zu locken, müssen Sie also Wohnraum für sie schaffen, indem Sie künstliche Wohnhöhlen an die Bäume Ihres Gartens, auf hohe Stangen oder an die Hauswand hängen. Wenn ein Vogelpaar dann darin nistet und seine Jungen großzieht, wird es sich revanchieren, indem es Ihre Gemüse- und Schmuckpflanzungen verstärkt von Blattläusen und Raupen frei hält.

## Das passende Eigenheim

Vögel sind zumeist sehr kritische Mieter. Sie ziehen nur ein, wenn der Nistkasten einer genauen Inspektion standgehalten hat. Ist er zu klein? Sein Loch nicht zu groß, aber auch nicht zu eng? Hängt er an einer passenden Stelle? Und nicht zu dicht beim Nachbarn? Das alles muss stimmen. Welche Farbe oder Verzierung das Häuschen hat, ist den Vögeln hingegen völlig egal. Hier können Sie ganz Ihren eigenen Geschmack walten lassen.

## Do it yourself

Selber bauen macht Spaß. Vor allem Kinder lieben es, zusammen mit Eltern oder Großeltern einen Nistkasten zu zimmern. Die Freude und das Interesse sind besonders groß, wenn sich ein Vogelpaar dort einfindet und seine Jungen aufzieht.
**Material** Verwenden Sie möglichst Massivholzbretter für Ihre Bauwerke. Pressspanplatten sind zwar billiger, quellen aber bei feuchter Witterung auf, sodass sich die Verbindungen der Wandteile lösen.
**Nobody is perfect** Es stört nicht, wenn Wandverbindungen nicht ganz exakt ausfallen. Auch Baumhöhlen haben Sprünge und Ritzen, durch die der Wind pfeift. Damit kommen die Vögel gut klar.
**Belüftung** Bohren Sie ein paar 5 mm große Löcher in den Boden eines jeden Nistkastens. Sie dienen der Durchlüftung und Entfeuchtung der Vogelvilla, damit das Nistmaterial nicht schimmelt.

Wer einen Nistkasten mit so viel Eifer selbst gebaut hat, wird ihn in den folgenden Wochen nicht aus den Augen lassen. Wer brütet darin?

**Sitzstange** Ein dünner Stab unterhalb des Einfluglochs ist sicherlich eine bequeme Start- und Landehilfe für die Hausbewohner, aber durchaus nicht notwendig. Baumhöhlen haben schließlich auch nicht immer einen Zweig knapp darunter.

**Flugloch** Das Einschlupfloch sollte mindestens einen Abstand von 12–15 cm zum Kastenboden haben. Auf diese Weise können Marder oder Katzen, die mit der Pfote durch das Loch angeln, nicht bis zum Nest mit der Brut hinablangen.

**Farbe** Verwenden Sie keine deckenden Lacke, sondern ungiftige, umweltverträgliche Lasuren (Siegel Blauer Engel), die das Holz atmungsaktiv belassen.

**Öffnung** Ein Nistkasten, der einfach zu öffnen ist, erleichtert die jährliche Reinigung. Hängt der Kasten hoch an einem Baum, sollte eine Wand aufzuklappen oder zu entfernen sein. Bei Meisenkästen, die nur mit einem Drahtbügel über einen Ast aufgehängt sind, genügt auch ein aufklappbares Dach, über das der Inhalt ausgeleert wird.

## Gut angebracht

› Bringen Sie Nistkästen so an, dass sie nicht stundenlang der prallen Sonne ausgesetzt sind. Das Flugloch sollte von der Wetterseite abgewandt sein. Eine Ausrichtung nach Osten oder Norden ist erfahrungsgemäß die beste.

› Verwenden Sie zum Befestigen der Nistkästen an Baumstämmen möglichst rostfreie Aluminiumnägel oder -schrauben. Diese sind zwar teurer als die gewöhnlichen, schädigen den Baum aber nicht.

› Hängen Sie Nistkästen nicht erst im Frühling auf, sondern bereits im Herbst. So können die verschiedensten Tiere die Kästen als Winterquartier nutzen, von Hummelköniginnen und Florfliegen über Mäuse bis zu Fledermäusen. In kalten Nächten suchen auch oft Meisen darin Schutz.

Manche mögen's bunt im Garten. Den Vögeln ist der Anstrich ihres Eigenheims egal, Hauptsache, es ist sicher und innen schön kuschelig.

› Sichern Sie Baumstämme mit Nistkästen gegen das Hochklettern von Katzen (→ Seite 8).

› Auch wenn die Neugierde groß ist: Öffnen Sie einen Nistkasten niemals während der Brutzeit!

---

### Reinigung von Nistkästen

**ENDE SEPTEMBER,** wenn auch die Jungen der letzten Brut den Nistkasten verlassen haben.

**ALTES NESTMATERIAL** entfernen, und damit auch Vogelflöhe, Milben und Zecken.

**GUMMIHANDSCHUHE** tragen, denn Vogelflöhe können auch auf den Menschen überspringen.

**AUSKEHREN** mit einem Handfeger, bei starker Verschmutzung mit heißem Wasser auswischen. Verwenden Sie keine Desinfektionsmittel!

# Für jeden das passende Eigenheim

Ein Nistkasten muss passen. In erster Linie natürlich zum Vogel, der darin brüten soll. Aber er sollte auch auf den Garten abgestimmt sein. Zum Glück gibt es unzählige Modelle zur Auswahl, ob lustig bunt oder stylisch modern, ob maritim, alpenländisch oder einfach kreativ.

**REIHENHAUS** Haus- und Feldsperlinge wohnen nicht gerne allein. In einem solchen Nistkasten können sie ihre Jungen Wand an Wand mit ihren Nachbarn großziehen.

**GESICHERT** Solche Meisenkästen bieten eine Extraportion Sicherheit für ihre Bewohner. Durch das nach vorne gezogene Einschlupfloch ist es potenziellen Nesträubern wie Katzen oder Mardern nicht möglich, mit der Pfote bis zu den Nestlingen hinabzuangeln.

**HAUS MIT LICHT** Über solch eine pfiffige Halbhöhle freut sich das Rotkehlchen, wenn sie niedrig im Gebüsch hängt. Bachstelzen oder Gartenrotschwanz ziehen hingegen ein, wenn Sie das Häuschen mindestens 1,50 m hoch aufhängen.

**NISTKASTEN + FUTTERHÄUSCHEN** Während der Brutzeit muss der Futterteil leer bleiben, weil sich das Brutpaar sonst durch andere Vögel gestört fühlt.

**FUNKTIONELL** Holzbeton sieht zwar nüchtern aus, ist aber in jeder Hinsicht praktisch: lange haltbar, luftdurchlässig, temperaturausgleichend und gut zu reinigen.

**PRAKTISCH** Hinten wandgerade, vorne leicht zu öffnen und im Winter ein geschütztes Quartier – dieser Kasten gefällt Meisen und Menschen gleichermaßen.

**AUF DER STANGE** Mangelt es im Garten an Bäumen, kann ein Nistkasten auch an einer hohen Stange montiert werden. Die beiden Stare finden ihr komfortables Heim offenbar klasse.

**WANDSCHMUCK** Ein Nistkasten für Baumläufer muss den Eingang unbedingt an der Seite haben, damit die Bewohner direkt vom Baumstamm aus hineinschlüpfen können.

# Wasser zum Trinken und Baden

An heißen Sommertagen kommen Vögel nicht nur zum Trinken ans Wasser, es bereitet ihnen auch sichtlich Vergnügen, ins kühle Nass zu tauchen und nach Kräften zu planschen. Neben angenehmer Abkühlung dient dies zudem der Gefiederpflege, die auch das übrige Jahr von großer Bedeutung ist.

## Der vogelfreundliche Pool

Sie können Amsel & Co. keinen Gartenteich zum Baden bieten? Macht nichts. Ein Vogelbad – oder auch mehrere – leistet gleichfalls gute Dienste.

**Material** So ein Pool sollte, um dem Vogelgeschmack zu genügen, mindestens 30 cm Durchmesser haben. Ideal ist eine flache Schale (5 cm Wassertiefe genügen vollauf) mit sanft abfallenden Rändern und – ganz wichtig – aus griffigem Material, auf dem die Badegäste nicht ausrutschen. Ein glatter Porzellan- oder Glasteller eignet sich daher nur schlecht, schon eher eine unglasierte Steingut- oder Terrakottaschale. Im Handel sind auch Vogelbäder aus Kunststein oder Holzbeton erhältlich.

---

### Durst im Winter?

**WASSERBEDARF** Durch das trockene Körnerfutter im Futterhäuschen ist der Wasserbedarf vieler Vögel in der Winterzeit besonders hoch.

**WAS TUN?** Stellen Sie daher auch im Winter, wenn es noch keine durchgehenden Minusgrade hat und kein Schnee liegt, Vogeltränken im Garten oder auf dem Balkon auf. An frostigen Tagen, wenn möglich, eine Schale eisfrei halten.

---

**Aufstellort** Wenn Sie das Vogelbad nicht auf den Boden, sondern auf eine Säule oder einen Ständer stellen, sind die Badegäste durch Katzen weniger gefährdet. Günstig ist ein Platz in 1–2 m Abstand von Sträuchern, die den an- und abfliegenden Vögeln rasche Deckung geben. Mit nassem Gefieder fliegt es sich nämlich nur schlecht. Daher suchen Vögel, die gerade vom Baden kommen, auf kürzestem Weg eine Deckung auf, um dort ihr Federkleid wieder in Ordnung zu bringen.

**Sauberkeit** Verschmutzungen durch Kot (den die Badegäste auch an ihren Füßen mittragen können) stellen eine ernste Gefahr für die trinkenden Vögel dar. Vor allem bei sommerwarmem »Badewetter« erwärmt sich das Wasser in einem kleinen, flachen Vogelbad sehr schnell. Dann können sich Keime wie die gefürchteten Salmonellen rasch vermehren.

› Wechseln Sie das Wasser daher regelmäßig, bei warmem Wetter mindestens 2-mal pro Woche.

› Reinigen Sie das Gefäß bei jedem Wasserwechsel mit heißem Wasser. Putz- oder gar Desinfektionsmittel sind im Normalfall aber nicht nötig, schließlich trinken die Vögel ja auch aus dem Gefäß.

## Das Sandbad

Bei Spatzen und etlichen anderen Vögeln steht ein staubiges Sandbad hoch im Kurs, um das Gefieder von Parasiten wie z. B. Vogelflöhen oder Milben zu reinigen. Ein großer Blumentopfuntersetzer, eine flache Schale oder auch einfach eine Bodenmulde mit feinem Sand (Spielsand für den Kindersandkasten) werden nur zu gerne angenommen. Um eine Übertragung der Parasiten zu verhindern, sollten Sie den Sand alle paar Wochen austauschen.

**DURST LÖSCHEN** Vor allem Körner fressende Vögel müssen mehrmals am Tag trinken, um ausreichend Flüssigkeit aufzunehmen. Insbesondere bei anhaltend trockenem Wetter fliegen sie oft weite Strecken, um eine Trinkmöglichkeit zu finden. Wasser ist daher ein wichtiger Bestandteil eines vogelfreundlichen Gartens oder Balkons. Ein kleiner Stein in der Mitte des Vogelbads schafft einen zusätzlichen Sitzplatz.

**SAUBERKEIT MUSS SEIN** Das Federkleid muss tipptopp in Ordnung sein, um seinen Träger warm und trocken halten zu können und seine volle Flugfähigkeit zu gewährleisten. Daher baden Vögel das ganze Jahr über, solange das Wasser nicht gefroren ist. Durch heftiges Spritzen und Schütteln benetzen sie dabei die Federn oberflächlich. Das erleichtert im Anschluss die sorgfältige Gefiederpflege mit dem Schnabel.

**SANDBADEN** Es ist drollig zu beobachten, wenn Spatzen im Sand wie wild mit den Flügeln schlagen, dass es nur so staubt. Sie reinigen dadurch ihr Gefieder von lästigen Parasiten.

# Vögel füttern – darauf kommt's an

Wenn die kalte Jahreszeit gekommen ist und die Gartenarbeit ruht, kann man mit Zeit und Muße die Vögel im Garten durchs Fenster beobachten. In den nun kahlen Sträuchern sind sie besonders gut zu sehen – und natürlich am Futterplatz. Dort trifft sich die ganze Vogelschar, und ihr Verhalten lässt sich gut studieren. Eine prima Gelegenheit, die verschiedenen Arten besser kennenzulernen.

Es sei jedoch von vornherein gesagt: Notwendig ist die Fütterung für unsere Vogelwelt nicht. Vögel sind Wildtiere, die an die klimatischen Verhältnisse in Mitteleuropa angepasst sind. Die Population wird selbst durch einen kalten Winter nicht nachhaltig dezimiert. Andererseits schadet eine Winterfütterung unseren gefiederten Freunden auch nicht, vorausgesetzt, man macht alles richtig.

Bei Schnee trifft sich die ganze Vogelschar an den Futterstellen im Garten. Hier sind es Buchfinken, Blaumeisen, eine Kohlmeise und eine Amsel.

## Ganzjahresfütterung – ja oder nein?

Bei dieser Frage scheiden sich die Geister:

**Pro** In England, der Hochburg der Vogelfreunde, ist es schon lange üblich, die Futterhäuschen ganzjährig zu füllen, und auch bei uns gibt es unter den Fachleuten entschiedene Befürworter dieser Praxis. Sie argumentieren, dass die Vögel nicht nur im Winter besonders viel Energie brauchen, sondern vor allem auch im Frühling und Sommer, wenn sie ihre Jungen großziehen. Außerdem fänden sie in unserer heutigen Kulturlandschaft, in der die Felder mit Insektiziden und Herbiziden behandelt und die Gärten fein säuberlich »aufgeräumt« werden, nicht mehr genug natürliche Nahrung. Eine Zufütterung durch uns Menschen sei also nur recht und billig.

**Kontra** Die Gegner befürchten, dass die Vögel durch ganzjährige Fütterung abhängig werden von uns Menschen wie in einer Menagerie, weil mehr Vögel überleben, als die vorhandene natürliche Nahrung zulassen würde. Allerdings konnte inzwischen nachgewiesen werden, dass bei Ganzjahresfütterung zwar die Elternvögel eine bessere Kondition haben, aber insgesamt über die Jahre nicht viel mehr Jungvögel groß werden als ohne Fütterung. Witterungseinflüsse oder Störungen am Nest wirken sich nämlich viel stärker auf den Bruterfolg aus als eine Zufütterung. Schon ein paar nasskalte Wochen im Frühsommer können eine ganze Brut sterben lassen. Und viele Arten, z. B. Stare, beginnen bei ungünstiger Witterung keine zweite Brut.

**Meine persönliche Meinung** Wenn Sie Freude haben am Vogelfüttern, dann tun Sie es, ob nur im Winter oder das ganze Jahr über. Sie schaden den Vögeln damit nicht – richtiges Futter vorausgesetzt.

## Das Einmaleins der Vogelfütterung

Um den gefiederten Freunden mit der gut gemeinten Fütterung nicht mehr zu schaden als zu nützen, ist es wichtig, einige Punkte zu beachten:

**Der richtige Platz** Sofern das Futterhäuschen nicht an einem Ast aufgehängt ist, sondern auf einem Ständer steht, sollten Sie es nicht mitten in die Wiese stellen. In der Nähe eines Strauchs oder einer Hecke ist der bessere Platz. Vor allem kleine Vögel schätzen es, wenn sie ihre Deckung nicht lange verlassen müssen. Andererseits sollte die Futterstelle auch nicht so nahe an einer Hecke sein, dass sich eine Katze darunter ungesehen bis auf Sprungweite anschleichen könnte.

**Wer mag was** Bei Vögeln ist es wie bei Menschen: Die Geschmäcker sind verschieden. Bieten Sie in Ihrem Garten daher unterschiedliches Futter an, um viele verschiedene Vogelarten anzulocken. Die Auswahl an Vogelfutter im Handel ist groß, auch die Küche gibt so einiges her. Körnermischungen, Nüsse, Weich- und Fettfutter, klein geschnittene

Meisenknödel sind eben nicht nur für Meisen da! Ob Haus- oder Feldsperling – sie turnen ebenso wendig an den Futterhaltern umher wie Meisen.

Trockenfrüchte und mürbe Äpfel – alles findet seine Abnehmer. Was die einzelnen Vogelarten bevorzugen, finden Sie im Folgenden bei den jeweiligen Porträts aufgeführt (→ Seite 36–57).

**Ungeeignetes Futter** Während sich so manches aus der Küche gut als Vogelfutter eignet, z. B. Pellkartoffeln für Stare oder gekochter Reis für Sperlinge, dürfen Sie ungekochten Reis keinesfalls verfüttern. Er würde im Vogelmagen stark aufquellen und den Vögeln schaden. Dasselbe gilt für getrocknetes Brot und Kokosflocken. Auch stark gesalzene oder gewürzte oder gar verdorbene Speisereste taugen nicht als Vogelfutter. Das gilt vor allem für alte, verdorbene Nüsse. Sie sind von einem Schimmelpilz befallen, der eine hochgiftige Substanz bildet.

**Wie oft, wie viel?** Legen Sie nicht mehr Futter aus, als die Vögel an 1–2 Tagen wegpicken. Futtersilos machen hierbei eine Ausnahme, deren Füllung reicht gewöhnlich deutlich länger. Wird ein Futter-

---

### Streufutter selber machen

**BEGEHRT** Die Amseln, Meisen und Sperlinge in unserem Garten, eigentlich fast alle Vögel, sind ganz wild darauf: gefettete Haferflocken!

**SO GEHT'S** 150–200 g Butterschmalz in einer tiefen Pfanne schmelzen, dann vom Herd nehmen und 500 g kernige Haferflocken daruntermengen. Toppings: eine Handvoll Rosinen, gehackte Trockenfrüchte oder geschälte Sonnenblumenkerne.

**BESSER NICHT** Weniger geeignet für Futtersilos. Die fettigen Flocken rutschen hier schlecht nach!

platz von besonders vielen Vögeln angeflogen, sodass es Gezänk und Geschubse gibt oder zurückhaltendere Vogelarten nicht zum Zug kommen, verteilen Sie das Futter lieber auf mehrere Stellen. Wo viele Vögel dicht zusammenkommen, ist die Gefahr größer, dass sich Krankheiten rasch verbreiten. Sorgen Sie andererseits in der besonders kritischen Zeit mit Schneedecke oder starker Vereisung auch dafür, dass der Futterplatz stets bestückt ist. So müssen die Vögel nicht unnötig lange Strecken fliegen, um Futter zu finden. Energieverschwendung können sie sich jetzt nicht leisten.

**Sauberkeit** Halten Sie Ihre Futterstellen stets frei vom Kot der Vögel, vor allem, wenn dieser mit dem Futter in Berührung kommt. Mit der Kotverschmut-

zung besteht ein gewisses Risiko, dass Krankheitserreger, etwa Salmonellen, übertragen werden. Die Gefahr einer Ausbreitung von Infektionskrankheiten ist im Winter besonders groß, weil beispielsweise Spatzen und Finken dann Schwärme bilden und besonders dicht zusammenleben. Zudem sind durch die hohen Energieverluste im Winter auch die Abwehrkräfte der Vögel geschwächt.

Doch auch wenn Sie übers Jahr weiterfüttern, ist Hygiene enorm wichtig. Das sogenannte »Grünfinkensterben« (Trichomoniasis), das durch einen einzelligen Parasiten hervorgerufen und seit einigen Jahren vermehrt beobachtet wird, tritt vor allem an sommerlichen Futterplätzen auf.

## Keine Angst vor Vogelgrippe

Die Vogelgrippe sorgt in regelmäßigen Abständen für Schlagzeilen. Prinzipiell handelt es sich dabei um eine Geflügelkrankheit, die durch Vogel-Influenzaviren ausgelöst wird und vornehmlich Hühner und Puten sowie Enten, Gänse, Schwäne und andere Wasservögel betrifft. Für Diskussionsstoff sorgt jedoch die Beobachtung, dass manche Subtypen des Erregers auf den Menschen überspringen können, allerdings nur bei sehr engem Kontakt zu bereits erkranktem Federvieh. Und eine Übertragung auf Singvögel hat es weltweit bisher kaum gegeben. Darum besteht auch kein Anlass zur Sorge, dass Ihr Futterhäuschen zum Ansteckungsherd für Vogelgrippe wird, weder für Sie noch für Ihre Gartenvögel. Und dass Hygiene am Futterplatz oberste Priorität hat, ist Ihnen ja ohnehin klar!

Buchfink, Grünfink und Kohlmeise bedienen sich hier einträchtig an der Futtersäule. In ihr bleibt das Futter trocken und unbeschmutzt.

## Verschiedene Futterplätze

Es gibt viele verschiedene Möglichkeiten, wie Sie Ihren gefiederten Freunden Futter anbieten können. Alle haben sie ihre Vor- und Nachteile. Am besten, Sie richten in Ihrem Garten verschiedene Fütterungsstellen ein – für jeden Geschmack etwas!

**Futterhäuschen** Das traditionelle Futterhäuschen können Sie mit wenig Aufwand selber bauen oder in allen nur denkbaren Variationen und Stilen, von klassisch über poppig bis kunterbunt, im Handel kaufen. Achten Sie darauf, dass das Dach gut übersteht, damit das Futter nicht so leicht nass wird. Außerdem sollte es im Inneren nicht allzu dunkel sein. Vögel wollen beim Fressen möglichst ihre Umgebung im Blick behalten und nach allen Seiten einen Fluchtweg offen haben. Unbehandeltes Holz als Baumaterial sieht vielleicht schön rustikal aus, lässt sich aber nicht so gut reinigen. Eine deckende Lasur ist ein Kompromiss zu Plastik.

**Futtersilo** Die hängenden Futterhilfen, bei denen gerade so viel Futter nachrutscht, wie die Vögel unten wegpicken, stellen die hygienischste Form der Fütterung dar. Man muss sie außerdem nicht so oft nachfüllen. Allerdings erreicht man damit nur bestimmte Vogelarten, die akrobatisch genug sind, die schmalen, stark schwankenden Sitzstangen anzufliegen. In erster Linie handelt es sich dabei um Meisen, Sperlinge, Grünfinken und Erlenzeisige. Doch auch größere Exemplare profitieren indirekt von derartigen Futterstellen: Amseln und Tauben, in ländlicheren Regionen mit etwas Glück auch Fasane, picken am Boden unter dem Futtersilo nur zu gerne das heruntergefallene Futter auf.

**Futtertisch** Vor allem für diejenigen Vögel, die ihre Nahrung normalerweise am Boden suchen, kann man einen Futtertisch aufstellen oder knapp über dem Boden aufhängen. Am Boden stehend

**FUTTERHÄUSCHEN** im Blockhausstil sind bei Vogelfreunden seit eh und je beliebt. Ein weit überstehendes Dach schützt das Futter vor Nässe.

**FUTTERSILO** Hier rutscht nur so viel nach, wie weggepickt wird. Das Futter bleibt trocken und sauber, und Sie müssen nicht so oft nachfüllen.

**FUTTERTISCH** Damit können Sie auch den Vogelarten Futter anbieten, die ihre Nahrung normalerweise am Boden suchen, wie diese Heckenbraunelle.

sollte er zumindest so hohe Beine haben, dass er über die Vegetation bzw. die Schneedecke hinausragt. Ohne Überdachung ist der Nachteil offensichtlich: Das Futter wird bei jedem Niederschlag durchweicht und muss dann erneuert werden. Allgemein gilt für Futtertische ebenso wie für »klassische« Futterhäuschen, dass das Futter leicht vom Kot der Vögel verschmutzt wird. Ein Futtertisch muss also häufig gereinigt werden.

# Fettfutterkuchen selber machen

Sie können natürlich einfach Meisenknödel aufhängen oder Meisenringe. Die gibt es überall zu
kaufen. An beidem werden dann nicht nur Meisen
munter herumturnen und picken, sondern auch
Spatzen, Kleiber und manchmal sogar Buntspechte.
Wer gerne selbst Hand anlegt und kreativ ist,
kann Fettfutterkuchen aber auch unschwer selbst
herstellen und in unterschiedlichsten Formen und
Gefäßen an die Zweige hängen. Das gibt Garten
oder Balkon einen sehr persönlichen Touch.

## So gelingt es garantiert!

› Geeignete Gefäße können leere Joghurtbecher
sein, die Plastikschälchen von Feinkostsalaten,
ausrangierte bunte Sandförmchen von den Kin-
dern oder kleine Blumentöpfe aus Ton. Auch die
bunten Becher von der Eisdiele lassen sich prima
verwenden, sofern Sie im Sommer rechtzeitig mit
dem Sammeln angefangen haben. Ungeeignet sind
hingegen kleine Konservendosen. Diese würden
bei nassem Wetter rasch rosten.

---

### Hauptsache **schön kühl**

**STANDORTWAHL** Unterschätzen Sie die Winter-
sonne nicht! Fettfutter sollten Sie stets an einer
schattigen Stelle anbieten. In der Sonne kann das
Fett womöglich so weich werden, dass die ganze
Futtermasse aus dem Gefäß rutscht.

**HALTBARKEIT** Fettfutterkuchen lassen sich gut
einfrieren und so bis zu 6 Monaten aufbewahren.

---

› Für die Aufhängung durchbohren Sie den Boden
des Gefäßes. Knoten Sie eine Schnur an das Ende
eines Holzstäbchens oder eines längeren, gerne
auch verzweigten Ästchens, und fädeln Sie die
Schnur durch das Loch. Der Knoten dichtet das
Loch ab und verhindert das Herausrutschen des
Stäbchens. Letzteres sollte unten mindestens
10 cm weit aus dem Gefäß herausragen, damit die
Vögel daran landen können.
› Als Nächstes Rindertalg, Schweineschmalz oder
ungehärtetes Kokosfett vorsichtig in einem Topf
schmelzen. Gerade Rindertalg sollte nicht zu heiß
werden, da er sonst ziemlich unangenehm riecht.
Rühren Sie etwas Pflanzenöl darunter, damit das
Ganze bei Kälte nicht bröckelig wird. Auf 500 g Fett
kommen etwa 3 EL Öl. Geben Sie nun Vogelmisch-
futter, nach Belieben angereichert mit Weizenkleie,
Haferflocken oder gehackten Trockenfrüchten, im
Verhältnis 1:1 dazu. Dann alles gut verrühren und
auf Zimmertemperatur abkühlen lassen. Zuletzt füllen Sie die noch geschmeidige Masse in die vorbe-
reiteten Gefäße und lassen sie vollends erstarren.

## Variationen

Hier nur ein paar Anregungen, wie Sie den Fettfutterkuchen ansprechend servieren können:
**Plätzchenschmuck** Einen aparten Baumschmuck
für den Garten liefern die nach der Weihnachts-
bäckerei nicht mehr gebrauchten Plätzchen-
ausstecher, wenn Sie diese mit einem bunten
Geschenkband als Aufhänger versehen und mit der
Fettmischung füllen. Dazu die aufgeschmolzene
Fett-Körner-Mischung so weit abkühlen lassen, bis
sie eine formbare Konsistenz hat. Legen Sie die

Ausstecher auf eine glatte Platte, und drücken Sie die Fettmasse hinein. Hängen Sie die Förmchen aber erst dann an die Zweige eines Strauchs, wenn die Masse darin komplett erstarrt ist.

**Fettzapfen** Hierzu binden Sie ein Stück Zwirn oder Blumendraht um die untere Schuppenreihe eines weit geöffneten Kiefernzapfens. Anschließend die halbfest abgekühlte Fettmischung zwischen die Schuppen rings um den Zapfen drücken und das Ganze kopfüber an einen Zweig hängen. Besonders nett wirkt dies an einem jungen Nadelbaum.

**Unkompliziert** Sie können auch einfach an einem regen- und schneegeschützten Ort ein flaches Schälchen mit Fettfutter aufstellen, z. B. im Pflanztrog auf dem Balkon. Ein Blumentopfuntersetzer aus Ton leistet dafür gute Dienste.

**1 KOKOSGLOCKE** Passionierte Bastler stellen auch diesen Futterspender selber her: Aus einer Kokosnuss ein Viertel heraussägen oder diese einfach nur halbieren. Dann das Fruchtfleisch herausschaben, ein Loch in die Schale bohren und ein Stück Seil hindurchziehen. Dieses mit einem Knoten sichern. Zuletzt das Fettfutter (→ Seite 32) in die Schale gießen und erstarren lassen.

**2 MAN NEHME** Es braucht nicht viel, um kleine Futterglocken zu basteln: etwas Körnermischung und geschmolzenes Fett, dazu kleine Blumentöpfchen und ein paar mehrfach verzweigte Ästchen. Um die Tontöpfchen samt der Zweige besser befüllen zu können, stellen Sie diese am einfachsten auf einen Klebebandring oder eine leere Schachtel, in die Sie ein Loch geschnitten haben.

**3 FETTRINDE** Spechte, Kleiber und Baumläufer sind dankbare Abnehmer von Schweine- oder Rinderfett, das Sie an mehreren Stellen auf einen Baumstamm (vorzugsweise mit grober Borke) gestrichen haben. Oder Sie drücken das Fett in kleine Astgabeln. Auch Meisen entdecken solche nahrhaften Fleckchen rasch.

# GARTENVOGELPORTRÄTS

Als Vogelfreund wollen Sie sicher wissen, welcher Vogel in Ihrem Strauch oder auf dem Rasen sitzt oder Ihr Futterhaus besucht. Im Folgenden finden Sie Bilder und Beschreibungen unserer häufigsten Gartenvögel.

## Gartenvögel – wer zählt dazu?

Verständlicherweise hängt es stark von der Größe und Ausgestaltung, besonders aber von der Umgebung des Gartens ab, welche Vögel sich darin tummeln. Grenzt ein Garten an freie Ackerflächen oder ein ausgedehntes Naturschutzgebiet mit Wald und Gewässern, werden gelegentlich auch Vögel darin rasten, die man in einem kleinen Stadtgärtchen wohl kaum zu sehen bekommt.

### Volkszählung unter Vögeln

Der Naturschutzbund Deutschland (NABU) sowie der Landesbund für Vogelschutz (LBV) führen zweimal pro Jahr eine landesweite Zählung der Gartenvögel durch, bei der sämtliche Vogelfreunde dazu aufgerufen werden, eine Stunde lang die Vögel in ihrem Garten zu beobachten und zu zählen. Die Resonanz aus der Bevölkerung ist beachtlich. Aus Zehntausenden von Meldungen ergibt sich bei der sogenannten »Stunde der Gartenvögel« sowie der »Stunde der Wintervögel« ein gutes Bild von der Häufigkeit und Verbreitung der verschiedenen Vogelarten in den Gärten unseres Landes.

Die in diesem Buch beschriebenen Arten finden sich allesamt an der Spitze der so entstandenen Hitlisten. Wir können sie also mit Fug und Recht »Gartenvögel« nennen. Manche von ihnen suchen regelrecht die Nähe des Menschen. So akzeptieren Hausrotschwanz und Mauersegler unsere Hauswände nur zu gern als Ersatz für die Felswände ihrer natürlichen Heimat, und die Amsel, einst ein reiner Waldvogel, hüpft heute durch 96 % aller deutschen Gärten und erfreut deren Besitzer durch ihren wunderbaren Gesang.

### Who is who?

Um die Vögel in Ihrem Garten sicher identifizieren zu können, finden Sie hier nicht nur Abbildungen, sondern auch Beschreibungen von Merkmalen, Vorkommen und typischen Verhaltensweisen. Wenn es nicht eigens erwähnt oder gezeigt wird, unterscheiden sich die Geschlechter nicht oder kaum merklich voneinander. Und natürlich finden Sie bei jeder Vogelart Hinweise, womit Sie diese erfolgreich in Ihren Garten locken können.

*Troglodytes troglodytes*
# Zaunkönig

**GRÖSSE** viel kleiner als ein Spatz |
**BEOBACHTUNGSZEIT** ganzjährig

Das rundliche, braune Kerlchen gibt sich an seinem kurzen, meist steil in die Höhe gereckten Schwänzchen zu erkennen. Die Lautstärke seines schmetternden Liedes mag man dem Winzling kaum zutrauen. Bei Erregung lässt er einen schnurrenden Ruf oder ein hartes »teck-teck-teck...« hören.
**Vorkommen** In unterholzreichen Wäldern und Gebüschen, in Gärten und Parks mit dichtem Gestrüpp; aufgrund seiner heimlichen Lebensweise nicht leicht zu entdecken, selbst wenn er in der Gartenhecke direkt vor dem Fenster lebt.
**Nest** Kleine Kugel aus Halmen und dürren Blättern, seitlicher Einschlupf, im bodennahen Dickicht.
**Nahrung** Mücken, kleine Insekten und Larven, die er in Bodennähe oder direkt am Boden sucht.
**Vorlieben** Schattige, verwilderte Ecken mit dichtem Staudengestrüpp; im Winter an Futterstellen in Bodennähe, schätzt Weich- und Fettfutter.

*Prunella modularis*
# Heckenbraunelle

**GRÖSSE** etwa wie ein Spatz, aber schlanker |
**BEOBACHTUNGSZEIT** ganzjährig

Auf den ersten Blick leicht mit einem Spatz zu verwechseln, aber schlanker, mit dünnem Schnabel und einer bleigrauen Färbung an Kopf und Brust. Ihre geduckten, huschenden Bewegungen am Boden erinnern fast an eine Maus. Die Heckenbraunelle trägt ihren Namen nicht zu Unrecht, sie bleibt stets in der Nähe einer Deckung.
**Vorkommen** In Wäldern mit dichtem Unterwuchs, in Hecken und Feldgehölzen, in Parks und Gärten mit viel Gebüsch; im Nordwesten Deutschlands häufiger als im Osten und Süden des Landes.
**Nest** Baut ein napfförmiges Nest in dichtem Gebüsch knapp über dem Boden, gern auch auf unteren Ästchen von jungen Nadelbäumen.
**Nahrung** In der warmen Jahreszeit kleine Insekten und Spinnen, im Herbst und Winter feine Samen.
**Vorlieben** Dichtes Gebüsch; Fütterung am Boden, gerne Weichfutter, dazu Fett und mürbes Obst.

 Standvogel  Teilzieher 🎯 Zugvogel ⠿ Körnerfresser ✳ Insekten-/Weichfutterfresser

*Phylloscopus trochilus*
# Fitis

**GRÖSSE** deutlich kleiner und schlanker als ein Spatz | **BEOBACHTUNGSZEIT** April–September

Der Fitis sieht dem Zilpzalp (→ rechts) zum Verwechseln ähnlich, nur wenn er singt, ist er klar von seiner »Zwillingsart« zu unterscheiden: Seine Strophen bestehen aus weichen, melodischen Flötentönen. Beim genauen Hinsehen erkennt man, dass der helle Überaugenstreif des Fitis länger und deutlicher ausgeprägt ist als der des Zilpzalps. Und die Beine sind fleischfarben, beim Zilpzalp schwärzlich.

**Vorkommen** Lichte Wälder mit dichtem Unterwuchs; auch in Parks und Gärten mit verwilderten Bereichen; fliegt im Winter bis ins tropische Afrika.

**Nest** Kugelig mit seitlichem Eingang, verborgen im bodennahen Gestrüpp oder in hohen Stauden.

**Nahrung** Kleine Insekten und Larven, kleine Spinnen, im Spätsommer auch kleine Beeren.

**Vorlieben** Dichte Sträucher, verwilderte Ecken mit hohen Stauden; bei Ganzjahresfütterung Weichfutter, das bodennah angeboten wird.

*Phylloscopus collybita*
# Zilpzalp

**GRÖSSE** kleiner und schlanker als ein Spatz | **BEOBACHTUNGSZEIT** März–November

Den merkwürdigen Namen hat sich der Vogel durch seinen unverkennbaren Gesang eingehandelt, der aus einer monotonen Reihung eben dieser Silben besteht: »zilp-zalp-zilp-zelp-zalp-zilp ...« Beim rastlosen Hüpfen durchs Geäst schlägt der Zilpzalp immer wieder den Schwanz kurz nach unten.

**Vorkommen** In unterholzreichen Wäldern und Gebüschen, häufig auch in Parks und Gärten mit hohen Sträuchern und verwilderten Bereichen; überwintert im Mittelmeerraum.

**Nest** Aus Grashalmen geflochtenes, kugeliges Nest mit seitlichem Eingang, am oder niedrig über dem Boden und gut verborgen zwischen Stauden.

**Nahrung** Kleine Insekten, Larven und Spinnen, im Herbst auch kleine Beeren.

**Vorlieben** Verwilderte Ecken mit dichten Stauden unter hohen Sträuchern; bei Ganzjahresfütterung Weichfutter, niedrig über dem Boden angeboten.

*Sylvia curruca*
# Zaun-/Klappergrasmücke

**GRÖSSE** deutlich kleiner und schlanker als ein Spatz | **BEOBACHTUNGSZEIT** April–September

Die kleinste unserer heimischen Grasmücken ist an ihrer leuchtend weißen, sich scharf vom dunkelgrauen Kopf absetzenden Kehle leicht zu erkennen. Sie hält sich fast immer im Gezweig von Sträuchern auf. Ihr lautes, hölzernes Klappern ist weit zu hören. Das vorangehende eilige Zwitschern wird dagegen so leise vorgetragen, dass es aus einiger Entfernung nur schwer vernehmbar ist.

**Vorkommen** Halboffenes Gelände mit Gebüsch, etwa Waldränder, Feldgehölze, Bahndämme, Weinberge, Parks und naturnahe Gärten; überwintert in Afrika, südlich der Sahara.

**Nest** Lockerer Napf, 0,5–1 m hoch im Gebüsch.

**Nahrung** Insekten, Spinnen und andere Kleintiere, im Herbst außerdem viele Beeren.

**Vorlieben** Dichtes, niedriges Gebüsch; bei Ganzjahresfütterung Weich- und Fettfutter an gut verborgenen Plätzen unter Sträuchern.

*Sylvia atricapilla*
# Mönchsgrasmücke

**GRÖSSE** kleiner und deutlich schlanker als ein Spatz | **BEOBACHTUNGSZEIT** März–Oktober

Die lebhaften Mönchsgrasmücken sind durch ihr farblich abgesetztes Käppchen gekennzeichnet, das beim Männchen (→ Seite 12) tiefschwarz, beim Weibchen (→ Bild) rotbraun ist. Die ausdauernden Sänger tragen ihre Melodie aus klaren Flötentönen aus dem Geäst heraus vor, oft mit Imitationen von Umweltgeräuschen oder anderen Vogelstimmen.

**Vorkommen** In unterholzreichen Wäldern, gebüschreichen Parks und Gärten, auch mitten in Großstädten; zieht zum Überwintern teils ins tropische Afrika, teils nur bis in den Mittelmeerraum.

**Nest** Kunstvolles Napfnest, niedrig im Gebüsch.

**Nahrung** Insekten und -larven, Spinnen, im Herbst auch Beeren, im Frühjahr Blütenpollen und -nektar.

**Vorlieben** Dichte Sträucher mit Zweigen bis knapp über den Boden; bei Fütterungen Weich- und Fettfutter, im Herbst gerne auch mürbe Äpfel. Hängen Sie Fettfutter in dichtes Gebüsch hinein.

  Standvogel  Teilzieher  Zugvogel  Körnerfresser  Insekten-/Weichfutterfresser

*Ficedula hypoleuca*

# Trauerschnäpper

**GRÖSSE** knapp kleiner als ein Spatz |
**BEOBACHTUNGSZEIT** April–September

Das schwarz-weiße Männchen wie das braun-weiße Weibchen tragen ein leuchtend weißes Flügelfeld. Der Luftjäger startet von einer Sitzwarte aus zu kurzen, akrobatischen Jagdflügen auf Insekten.
**Vorkommen** In Wäldern, Parks und Gärten mit großen, alten Bäumen; in Mitteleuropa insgesamt nicht selten, fehlt allerdings gebietsweise fast ganz, so z. B. in Süddeutschland; fliegt zum Überwintern bis West- oder gar Südafrika.
**Nest** In Baumhöhlen, gelegentlich auch in Halbhöhlen; Jungvögel leben bis zum herbstlichen Abflug nach Afrika mit ihren Eltern zusammen.
**Nahrung** Hauptsächlich fliegende Insekten. Sind diese an trüben Tagen weniger unterwegs, liest er im Schwirrflug Kleintiere von Blättern und Ästen ab.
**Vorlieben** Der Trauerschnäpper ist auf lebende Insekten angewiesen, für die Sie durch entsprechende Bepflanzung des Gartens sorgen können.

*Motacilla alba*

# Bachstelze

**GRÖSSE** etwa wie ein Spatz |
**BEOBACHTUNGSZEIT** März–November

Die kontrastreich schwarz-weiß-graue Bachstelze läuft mit schnellen Trippelschritten dahin. Ständig, vor allem aber beim abrupten Stehenbleiben, wippt der Schwanz heftig auf und ab. Fliegt sie davon, fällt ihre stark wellenförmige Flugbahn auf. Sie ruft scharf »zitt« oder »zi-zitt«, oft beim Abfliegen.
**Vorkommen** An Gewässerufern, auf Feldern, gern auch in Dörfern und Städten, in Industrieanlagen oder Kiesgruben; fliegt zum Überwintern in den Mittelmeerraum, Vereinzelte bleiben auch bei uns.
**Nest** In Halbhöhlen, an (Ufer-)Böschungen, in Holzstapeln, auf Balken, in Nischen und unter Dachvorsprüngen, sogar auf Baumaschinen u. Ä.
**Nahrung** Insekten und deren Larven, Spinnen und andere Kleintiere, die am Boden erbeutet werden, oft mit geschickten Flugsprüngen.
**Vorlieben** Brütet auch in Halbhöhlen-Nistkästen; Weich-/Fettfutter von bodennahen Futterstellen.

 Allesfresser    Höhlenbrüter    Halbhöhlen-/Nischenbrüter    Freibrüter

*Phoenicurus ochruros*

# Hausrotschwanz

**GRÖSSE** knapp sperlingsgroß, aber schlanker |
**BEOBACHTUNGSZEIT** März–November

Das Männchen (→ linkes Bild) ist ein rußschwarzer
Geselle, das Weibchen (→ rechtes Bild) unscheinbar graubraun. Beide aber tragen einen rostroten
Schwanz, mit dem sie im Sitzen oft aufgeregt zit-
tern, während sie zugleich nervös knicksen. Singt
noch vor Sonnenaufgang von hohen Sitzwarten aus
(Dächern, Fernsehantennen, Schornsteinen).
**Vorkommen** Der einstige Bergbewohner, der in
Felshängen und Schluchten der Alpen brütete, hat
erst vor rund 250 Jahren die Siedlungen der Menschen im Flachland für sich entdeckt. Tatsächlich
leben heute geschätzte 90 % der gesamten Population Mitteleuropas als sogenannte »Kulturfolger« in
Dörfern und Städten, sogar mitten in Großstädten.
Der Hausrotschwanz überwintert im Mittelmeer-
gebiet, verlässt uns als einer der letzten Zugvögel
und ist im Frühjahr als einer der ersten wieder da.
Einige bleiben sogar über den Winter bei uns.
**Nest** Baut ein etwas unordentlich wirkendes Nest
in Mauernischen und Halbhöhlen an Gebäuden,
nimmt gerne auch Halbhöhlen-Nistkästen an.
**Nahrung** Insekten und kleine Spinnen, die zumeist
am Boden erbeutet, manchmal aber auch in der
Luft geschnappt werden. Im Herbst verschmäht er
auch Beeren nicht. Dagebliebene lassen sich auch
bei Winterfütterungen blicken.
**Vorlieben** Brütet gerne in einem Halbhöhlen-
Kasten an einer geschützten Haus- oder Schuppen-
wand. Als Insektenfresser mag er Weichfutter.

Standvogel  Teilzieher  Zugvogel  Körnerfresser  Insekten-/Weichfutterfresser

*Phoenicurus phoenicurus*
# Gartenrotschwanz

**GRÖSSE** knapp sperlingsgroß, aber schlanker |
**BEOBACHTUNGSZEIT** April–September

Das Männchen ist an Brust, Bauch und Schwanz
kräftig rostrot, sein Gesicht ist schwarz mit einem
weißen Stirnband. Das Weibchen dagegen ähnelt
dem des Hausrotschwanzes (→ Seite 40), ist aber
dunkler. Wie bei diesem ist ein ständiges Knicksen
und Schwanzwippen für ihn typisch. Seinen lauten,
abwechslungsreichen Gesang lässt das Männchen
schon in der ersten Morgendämmerung erschallen.
**Vorkommen** In lichten Wäldern, an Waldrändern,
auch in Parks und Gärten mit großen, alten Bäumen, sogar mitten in Großstädten; fliegt zum Überwintern in die Savannen Afrikas.
**Nest** In Baumhöhlen, auch in Mauernischen.
**Nahrung** Fast ausschließlich Insekten, Larven,
kleine Spinnen, die bodennah gesucht werden.
**Vorlieben** Vollhöhlen-Nistkästen mit hochovalem
Flugloch, auch Halbhöhlen-Kästen; fehlen Insekten,
kommt er ans Futterhaus und frisst Weichfutter.

*Erithacus rubecula*
# Rotkehlchen

**GRÖSSE** knapp sperlingsgroß, rundlich |
**BEOBACHTUNGSZEIT** ganzjährig

Unverkennbar durch seine orangerote Färbung von
Gesicht, Kehle und Brust. Beim Hüpfen am Boden
oder auf Sitzwarten knickst es immer wieder und
reckt den Schwanz kurz hoch. Seinen lauten, flö-
tenden Reviergesang kann man selbst im Winter
hören, auch die Weibchen singen eifrig. Bei Beunruhigung lässt es ein scharfes »zick« ertönen.
**Vorkommen** Unterholzreiche Wälder und Feldgehölze, in Parks und Gärten mit viel Buschwerk.
**Nest** Baut ein napfförmiges Nest am Boden oder
in bodennahem Gestrüpp, gelegentlich auch in
Halbhöhlen an Böschungen oder in Mauernischen,
nutzt manchmal sogar alte Nester anderer Vögel.
**Nahrung** Insekten, Spinnen und andere Kleintiere,
die vorwiegend am Boden gesucht werden, ab dem
Spätsommer auch Beeren und weiche Sämereien.
**Vorlieben** Mag bei Winterfütterungen gern Fett-
und Weichfutter, das Sie auf den Boden streuen.

 Allesfresser    Höhlenbrüter    Halbhöhlen-/Nischenbrüter    Freibrüter

*Cyanistes caeruleus, Syn. Parus caeruleus*

# Blaumeise

**GRÖSSE** kleiner und pummeliger als die Kohlmeise | **BEOBACHTUNGSZEIT** ganzjährig

Die lebhaften Meisen mit gelber Unterseite und himmelblauer Färbung an Scheitel, Flügeln und Schwanz turnen in fast jedem Gartenstrauch. Wenn ihre Wangen noch gelblich statt reinweiß sind, haben wir es mit Jungvögeln zu tun. Das helle »zii« bei Erregung sowie der Gesang mit 2–3 hellen Rufen und angehängtem Triller sind oft zu hören.
**Vorkommen** In Wäldern, Feldgehölzen, Parks und Gärten, selbst mitten in Großstädten.
**Nest** In Baumhöhlen, gerne auch in Nistkästen.
**Nahrung** Kleine Insekten und -larven sowie Spinnen, die sie akrobatisch von den Zweigspitzen der Bäume und Sträucher ablesen, im Frühling auch Knospen und Pollen, ab dem Spätsommer zunehmend Beeren und weiche Sämereien.
**Vorlieben** Ist in Gärten meist auf Nistkästen angewiesen; nimmt an Futterstellen gern fettreiche Samen und Nüsse (ohne Schale) sowie Fettfutter.

*Periparus ater, Syn. Parus ater*

# Tannenmeise

**GRÖSSE** deutlich kleiner als die Kohlmeise | **BEOBACHTUNGSZEIT** ganzjährig

Die schwarz-weiß-graue Meise ähnelt in der Kopffärbung der Kohlmeise, ist aber viel kleiner und trägt einen charakteristischen weißen Nackenfleck. Außerhalb der Brutzeit ziehen Tannenmeisen gern in gemischten Trupps mit anderen Meisen umher. Ihre hohen, dünnen Kontaktrufe wie »zi-zi-zi …« sind fast ständig zu hören, ganzjährig auch ihre zarten Gesangsstrophen wie »ze-wi-ze-wi …«.
**Vorkommen** In Nadel- und Mischwäldern, großen Parks, auf Friedhöfen, in Gärten mit Nadelbäumen.
**Nest** In Baumhöhlen, manchmal auch in ausgefaulten Baumstümpfen, geht gern in Nistkästen.
**Nahrung** Kleine Insekten und Larven, die sie zwischen den Nadeln von Koniferen (Fichten!) herauszupfen, im Herbst und Winter auch Sämereien.
**Vorlieben** Ist bei der Nahrungssuche auf Nadelbäume angewiesen; nimmt Nistkästen an; an Futterstellen sucht sie fetthaltige Samen und Nüsse.

  Standvogel  Teilzieher  Zugvogel  Körnerfresser  Insekten-/Weichfutterfresser

*Parus major*
# Kohlmeise

**GRÖSSE** kaum kleiner als ein Spatz |
**BEOBACHTUNGSZEIT** ganzjährig

Unsere größte Meise fehlt praktisch in keinem Garten, bundesweit ist sie nach Haussperling und Amsel der dritthäufigste Gartenvogel. Der schwarze Kopf mit den weißen Wangen (bei Jungvögeln noch gelblich) sowie der kräftig gelbe Bauch mit schwarzem Mittelstreif sind eindeutige Kennzeichen.
**Vorkommen** Ursprünglich in Laub- und Mischwäldern mit altem Baumbestand, heute überall in Parks und Gärten, wo Nistkästen angeboten werden, auch mitten in Städten.
**Nest** In Baumhöhlen oder in Nistkästen.
**Nahrung** Insekten, Larven, Spinnen und andere Kleintiere an vorzugsweise bodennahen Ästen und Zweigen von Bäumen und Sträuchern, das ganze Jahr über auch Sämereien.
**Vorlieben** Nimmt gerne Vollhöhlen-Nistkästen an; an Futterstellen bevorzugt sie fett- und ölhaltige Samen (ohne Schalen) sowie Nüsse.

*Aegithalos caudatus*
# Schwanzmeise

**GRÖSSE** kleiner als ein Spatz |
**BEOBACHTUNGSZEIT** ganzjährig

Typisches Merkmal des rundlichen Vogels ist sein langer, steif abstehender Schwanz, der an einen Pfannenstiel erinnert. Die mitteleuropäische Unterart hat einen schwärzlichen Überaugenstreif, die nördliche und östliche zeigen einen reinweißen Kopf. Als sehr gesellige Vögel halten sie mit durchdringendem »srii-srii …« untereinander Kontakt.
**Vorkommen** In Laub- und Mischwäldern mit reichlich Unterwuchs, Parks, auf Streuobstwiesen und Friedhöfen; außerhalb der Brutzeit in kleinen Trupps umherziehend, dann oft auch in Gärten.
**Nest** Kunstvolles kugeliges Flechtwerk, seitlicher Eingang, in einer Astgabel oder zwischen Zweigen.
**Nahrung** Kleine Insekten, etwa Blattläuse oder Mücken, Räupchen und kleine Spinnen.
**Vorlieben** Suchen an Futterstellen nach Weich- und Fettfutter. Streichen Sie das Fettfutter auch an Ast- oder Baumrinde (→ Seite 33).

*Passer domesticus*

# Haussperling/Spatz

**GRÖSSE** etwa 15 cm groß |
**BEOBACHTUNGSZEIT** ganzjährig

Der Spatz, wie der Haussperling im Volksmund meist genannt wird, hat sich eng dem Menschen angeschlossen. Die Männchen (→ linkes Bild) erkennt man an dem grauen Scheitelkäppchen, dem rotbraunen Nacken und schwarzen Kehllatz, während die Weibchen und Jungvögel unscheinbar grau-braun-beige gefärbt sind (→ rechtes Bild). Der Kontaktruf der geselligen Vögel ist ein weiches »djüp«, bei einer Störung lassen sie ein zeterndes »tsche-tsche-tsche …« hören, während das allbekannte Tschilpen den Reviergesang darstellt.

**Vorkommen** Der »Allerweltsvogel« lebt als Kulturfolger in menschlichen Siedlungen, von Dörfern bis zu Millionenstädten. Insgesamt der häufigste Gartenvogel, doch seine Bestände sind in den letzten Jahren vielerorts stark zurückgegangen.
**Nest** Das »schlampig« gebaute Nest wird in geschützten Hohlräumen zusammengetragen, z. B. in Mauernischen, unter Dachvorständen, in Efeu oder Wildem Wein an Hauswänden, sogar in Storchen- oder alten Schwalbennestern. Fast immer brüten Haussperlinge in lockeren Kolonien.
**Nahrung** Sämereien aller Art, in Städten auch Krümel und ähnliche Nahrungsreste des Menschen; für die Brut Insekten, Raupen, Spinnen u. a. Kleintiere.
**Vorlieben** Vogelbad, Sandbad, Nistkästen in »Reihenhausform« (→ Seite 24); bei Fütterungen Sämereien, Haferflocken, Getreide, im Häuschen und am Boden ausgestreut, gerne auch Fettfutter.

📍 Standvogel   ◉ Teilzieher   ◎ Zugvogel   ⁙ Körnerfresser   ⁂ Insekten-/Weichfutterfresser

*Passer montanus*

# Feldsperling

**GRÖSSE** ein wenig kleiner als der Spatz | **BEOBACHTUNGSZEIT** ganzjährig

Anders als beim Haussperling unterscheiden sich Männchen und Weibchen beim Feldsperling nicht. Markantes Merkmal ist ein schwarzer Fleck auf der weißen Wange, Scheitel und Nacken sind braun gefärbt. Im Flug rufen die geselligen Vögel oft leise »twid«, bei Beunruhigung hart »tschek«, der »Reviergesang« ist ein monotones Tschilpen.

**Vorkommen** Waldränder, Agrarland mit Hecken, Gärten am Rand von Dörfern und Städten; außerhalb der Brutzeit in Schwärmen umherziehend.

**Nest** In Baumhöhlen und anderen geschützten Höhlungen und Nischen, gerne auch in Nistkästen.

**Nahrung** Getreide, Samen von Gräsern und Kräutern, zuweilen Knospen sowie Brotkrümel und dergleichen; für die Brut Insekten, weiche Kleintiere.

**Vorlieben** Mehrere Nistkästen nebeneinander; kommt gern an Futterstellen mit Körnerfutter, im Winter auch an Meisenknödel.

*Serinus serinus*

# Girlitz

   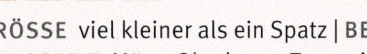

**GRÖSSE** viel kleiner als ein Spatz | **BEOBACHTUNGSZEIT** März–Oktober, z. T. ganzjährig

Mit seinem Kanariengelb fällt das Girlitz-Männchen ebenso auf wie mit seinem lauten, trillernden Gesang, den es von einer Baumspitze aus oder in einem auffällig gaukelnden Singflug erschallen lässt. Beim Weibchen ist das Gelb nur am Bürzel deutlich ausgeprägt, der beim Abflug aufleuchtet.

**Vorkommen** Offene Kulturlandschaft mit Gehölzen und krautreichen Flächen, Alleen, Parks, Gärten mit (Obst-)Bäumen; nur in Süddeutschland ganzjährig in der Region, im Norden Kurzstreckenzieher.

**Nest** Kompaktes Napfnest, gut verborgen in einer Baumkrone oder einem hohen Strauch.

**Nahrung** Kleine, weiche Sämereien, die am Boden gesucht werden, im Frühling auch Knospen; zur Jungenaufzucht kleine Insekten.

**Vorlieben** Nimmt an Futterstellen vorzugsweise am Boden Sämereien oder Waldvogelfutter an, sehr gerne auch Futter für Kanarienvögel.

*Carduelis chloris*
## Grünfink

**GRÖSSE** gut sperlingsgroß |
**BEOBACHTUNGSZEIT** ganzjährig

Das gelb-grüne Gefieder, das das Männchen im Frühjahr und Sommer trägt, gab dem wenig scheuen Finken seinen Namen. Im Herbst und Winter sind beide Geschlechter unscheinbar oliv-braun und könnten mit Sperlingen verwechselt werden – wären da nicht die stets leuchtend gelben Abzeichen an Flügeln und Schwanz.
**Vorkommen** Lichte Mischwälder, Waldränder, Parks, Gärten, sogar in Großstädten mit Bäumen; zieht außerhalb der Brutzeit in Trupps mit anderen Finken und Sperlingen umher.
**Nest** Ordentliches Napfnest in Sträuchern, kleinen Bäumen, Spalierpflanzen oder auf Balkonen.
**Nahrung** Kleinere und größere Samen bis hin zu Bucheckern, auch Knospen und Beeren.
**Vorlieben** Frisst gerne Körnerfutter, Sonnenblumenkerne (auch mit Schale), getrocknete Beeren und Hagebutten, zudem gehackte Nüsse, Fettfutter.

*Carduelis carduelis*
## Stieglitz/Distelfink

**GRÖSSE** deutlich kleiner und schlanker als ein Spatz | **BEOBACHTUNGSZEIT** ganzjährig

Sein buntes Gefieder mit rotem Gesicht und der gelbe Flügelstreif machen den Stieglitz unverwechselbar. Den Namen verdankt er seinem typischen Ruf »sti-ge-litt-sti-ge-litt...«.
**Vorkommen** Zur Brutzeit an Waldrändern, auf Streuobstwiesen, in Parks, Gärten mit samentragenden Stauden; sonst in Trupps auf Brachflächen und Hochstaudenfluren. Ein Teil bleibt ganzjährig, ein Teil überwintert im Mittelmeerraum, wieder andere aus Nordosteuropa kommen zu uns.
**Nest** Solides Napfnest im äußeren Bereich einer Baumkrone oder in einem hohen Strauch.
**Nahrung** Vor allem Sämereien von hohen Stauden (Disteln), auch kleine Baumsamen (Birken).
**Vorlieben** Verwilderte Ecken, belassene Samenstände; freut sich im Spätwinter, wenn sonst kaum mehr Sämereien zu finden sind, über Waldvogelfutter, ölhaltige Samen, Meisenknödel.

  Standvogel  Teilzieher  Zugvogel  Körnerfresser  Insekten-/Weichfutterfresser

*Fringilla coelebs*

# Buchfink

**GRÖSSE** gut sperlingsgroß |
**BEOBACHTUNGSZEIT** ganzjährig

Der Buchfink sucht seine Nahrung am Boden auf freien Flächen. Das Männchen ist ausgesprochen bunt gefärbt (→ linkes Bild), wenn auch im Winter etwas blasser, das Weibchen (→ rechtes Bild) bleibt stets unauffällig bräunlich. Charakteristisch ist eine doppelte weiße Flügelbinde. Bei Beunruhigung ruft der Buchfink ein hartes »pink«, beim Auffliegen ein kurzes, weiches »djüb«. Der Gesang, den das Männchen bisweilen schon ab Februar ertönen lässt, besteht aus schmetternden Strophen mit einem kurzen Schnörkel, dem »Finkenschlag«,

am Ende. Es sitzt zum Singen hoch oben im Baum und wiederholt seine Strophen fast ohne Unterlass. Der Flug des Buchfinken ist auffallend wellenartig.
**Vorkommen** Laub- und Nadelwälder, Feldgehölze, Friedhöfe, Parks und Gärten. Als Teilzieher suchen vor allem die Weibchen im Herbst oft wärmere Gebiete auf. Außerhalb der Brutzeit schließen sich Buchfinken bei der Futtersuche gern anderen Vögeln an, treten aber selbst nie in Scharen auf.
**Nest** Kunstvoll gefügter, tiefer Napf, der gut in Astgabeln verankert ist, meist hoch in Baumkronen.
**Nahrung** Kleine Samen, im Sommer Insekten und andere Kleintiere, vor allem zur Aufzucht der Brut.
**Vorlieben** Körnerfutter mit kleinen Samen (Sonnenblumenkerne sind bereits zu groß), Haferflocken, Nüsse und getrocknete Beeren, fein gehackt. Das Futter muss auf den Boden gestreut werden. Auch herabgefallenes Fettfutter findet Anklang.

*Pyrrhula pyrrhula*

# Gimpel/Dompfaff

**GRÖSSE** etwas größer als ein Spatz |
**BEOBACHTUNGSZEIT** ganzjährig

Ob der volkstümliche Name Dompfaff eine Anspielung auf das rote Kleid des Männchens (→ rechts im Paarbild) und die schwarze Kappe ist oder auf die rundliche Figur, sei dahingestellt. Auf jeden Fall hat der gedrungene Finkenvogel einen ausgesprochen friedlichen Charakter. Er streitet weder am Futterplatz noch um Revier und Partnerin. Sein leiser Gesang ist nur selten zu hören: ein plauderndes Gezwitscher mit gepressten Tönen, wie bei einem Bauchredner. Eher hört man den Ruf des Gimpels, ein weiches, flötendes »düüp«, beim Auffliegen oft ein kurzes »büt-büt«. Im Flug fällt zudem der leuchtend weiße Bürzel auf, auch beim Weibchen mit seiner bräunlich grauen Unterseite (→ links im Paarbild). Im Winter schließen sich oft mehrere Paare zusammen und streifen gemeinsam umher.

**Vorkommen** Unterholzreiche Wälder, Heckenlandschaften, Obstgärten, Parks, Gärten mit Sträuchern; durchaus häufig, aber nicht leicht zu beobachten.

**Nest** Großes, napfförmiges Nest in den äußeren Zweigen von Bäumen (oft Nadelbäumen) sowie hohen Sträuchern, gut im Laub verborgen.

**Nahrung** Samen von Bäumen, Sträuchern, Wildkräutern, auch gern Knospen und Beeren.

**Vorlieben** Bevorzugt Gehölze mit roten Beeren (Schneeball, Eberesche). Am Futterhaus eher seltener Gast (Knospennahrung auch im Winter), nimmt Sonnenblumenkerne, Hanfkörner, gehackte Nüsse, getrocknete Beeren und Waldvogelfutter.

▮ Standvogel  ◉ Teilzieher  ◎ Zugvogel  ⠿ Körnerfresser  ✳ Insekten-/Weichfutterfresser

*Delichon urbicum*

# Mehlschwalbe

**GRÖSSE** kleiner und viel schlanker als ein Spatz | **BEOBACHTUNGSZEIT** April–Oktober

Der schwarz-weiße Vogel mit dem kurz gegabelten Schwanz nutzt unsere Hauswände als Ersatzfelsen. Das durchdringende »ziiiie« des Gefahrenrufs hört man viel häufiger als den Gesang, der nur ein leises, murmelndes Schwätzen ist.

**Vorkommen** In Dörfern und Kleinstädten, auch in Randgebieten von Großstädten; fliegt zum Überwintern nach Afrika, südlich der Sahara.

**Nest** Kugeliges Nest mit seitlichem Eingang, aus kleinen Lehmklümpchen mit einigen Pflanzenfasern zusammengekleistert, stets an der Außenwand von Gebäuden (im Unterschied zur rotkehligen Rauchschwalbe, die im Inneren von Ställen nistet).

**Nahrung** Fängt im Flug kleine Insekten.

**Vorlieben** Lehmgrube (→ Seite 20) für den Nestbau; mehrere Schwalben-Nistkästen oder offene Holzregale unter einem Dachüberstand als Nisthilfe, am besten mit Kotbrett (→ Seite 16) darunter.

*Apus apus*

# Mauersegler

**GRÖSSE** etwas größer als eine Schwalbe | **BEOBACHTUNGSZEIT** Mai–August

Die geselligen, schwarzen Vögel mit langen, sichelförmigen Flügeln und Gabelschwanz werden oft für Schwalben (Unterschied: weißer Bauch, kürzere Flügel) gehalten. Ihre schrillen »sriii«-Rufe übertönen in Städten sogar den Verkehrslärm.

**Vorkommen** Bei uns fast nur in Städten mit hohen Häusern, Türmen und Fabrikgebäuden; überwintert im tropischen und südlichen Afrika.

**Nest** Flaches, »unordentliches« Nest aus allerlei leichtem Material, das im Flug erhascht und mit klebrigem Speichel zusammengekleistert wird, nistet in Kolonien an hohen Gebäuden, in Mauerlöchern und Hohlräumen unter dem Dach.

**Nahrung** Kleine fliegende Insekten, die mit akrobatischen Flugmanövern gejagt werden.

**Vorlieben** Sorgen Sie für viele Insekten im Garten (→ Seite 8); flache Nistkästen mit querovalem Einschlupfloch so hoch wie möglich am Haus.

*Sturnus vulgaris*

## Star

**GRÖSSE** etwas kleiner als eine Amsel |
**BEOBACHTUNGSZEIT** März–September

Der kurzschwänzige Star läuft bei der Nahrungs-
suche trippelnd über den Boden. Sein schwarzes,
schillerndes Federkleid wird durch Abnutzung der
Federspitzen im Herbst mehr weißlich getupft.
**Vorkommen** Ursprünglich in Laub-, Mischwäl-
dern und Feldgehölzen, heute überwiegend in
Siedlungen; überwintert in West- und Südeuropa,
neuerdings bleibt er auch oft ganzjährig bei uns.
**Nest** In Baumhöhlen, gerne auch in Nistkästen.
**Nahrung** Insekten, Larven, Würmer und kleine
Schnecken, die der Star stochernd am Boden
sucht, im Spätsommer und Herbst viel Obst und
Beeren, gerne auch Sämereien.
**Vorlieben** Liebt beerentragende Sträucher oder
einen Kirschbaum; befestigen Sie einen Starenkas-
ten hoch am Baum oder auf einer Stange; nimmt
am Boden oder im Häuschen Weichfresserfutter,
Haferflocken, getrocknete Beeren, mürbe Äpfel.

*Turdus merula*

## Amsel

**GRÖSSE** etwa 25 cm lang |
**BEOBACHTUNGSZEIT** ganzjährig

Dank ihrer Anpassungsfähigkeit ist die Amsel nach
dem Haussperling unser zweithäufigster Brutvogel.
Von hohen Sitzwarten herab lässt sie ihren laut flö-
tenden Gesang schon vor der Morgendämmerung
und in den Abendstunden ertönen. Beim kohl-
schwarzen Männchen (→ Bild) sticht der leuchtend
gelbe Schnabel und Augenring hervor, das Weibchen (→ Seite 1) ist einheitlich dunkelbraun.
**Vorkommen** Einst ein Waldvogel, heute in Dörfern
und Städten mit Sträuchern und Grünflächen.
**Nest** Stabiles Napfnest in Hecken, dichten Sträuchern und Fassadenbegrünungen, sogar in Balkon-
kästen mitten in Innenstädten.
**Nahrung** Würmer, kleine Schnecken, bodenlebende Insekten und Larven, dazu weiche Sämereien, ab dem Spätsommer auch Obst und Beeren.
**Vorlieben** Frisst gern getrocknete Beeren, auch
mürbe Äpfel, Weichfresserfutter und Haferflocken.

*Turdus philomelos*

# Singdrossel

**GRÖSSE** kleiner und zierlicher als eine Amsel |
**BEOBACHTUNGSZEIT** Februar–November

Die hellbraune Drossel mit der weißlichen, gesprenkelten Unterseite hüpft bei der Nahrungssuche eifrig über den Boden. Am liebsten sucht sie im Falllaub nach Schnecken, deren Haus sie auf einem Stein zertrümmert. Oft findet man um diese »Drosselschmiede« herum viele Schneckenhäuser.
**Vorkommen** In unterwuchsreichen Wäldern, Parks und großen, baumbestandenen Gärten mit viel Gebüsch; zieht in strengen Wintern in den Mittelmeerraum, in milden Wintern bleiben viele bei uns.
**Nest** Stabiles Napfnest, oft stammnah in jungen Fichten, auch halbhoch in Bäumen und Sträuchern.
**Nahrung** Regenwürmer, Gehäuseschnecken, bodenlebende Insekten und Larven, im Herbst Beeren, weiche Früchte und Sämereien.
**Vorlieben** An Futterstellen (bodennah) getrocknete Beeren und Apfelstückchen, mürbe Äpfel, Weichfresserfutter, Haferflocken und Fettfutter.

*Turdus pilaris*

# Wacholderdrossel

**GRÖSSE** etwas größer als eine Amsel |
**BEOBACHTUNGSZEIT** ganzjährig

Charakteristisch für die Wacholderdrossel ist das Bleigrau von Kopf und Bürzel. Beim Auffliegen fällt vor allem der Kontrast zwischen den weißen Unterflügeln und dem schwarzen Schwanz auf. Die kratzenden Rufe wie auch der knirschende Gesang der geselligen Drossel sind wenig melodisch.
**Vorkommen** Lichte Laub-, Mischwälder, Feldgehölze, Parks und Gärten mit großen Bäumen, auch in der Stadt; weicht strengen Wintern großteils nach Süd- und Südwesteuropa aus, zugleich kommen Brutvögel aus Nord- und Osteuropa zu uns.
**Nest** Großes Napfnest, hoch oben in Baumkronen, meist in Stammnähe; brütet in lockerer Kolonie, die durch Kotspritzer gegen Feinde verteidigt wird.
**Nahrung** Würmer, Schnecken, große Insekten und Larven, im Herbst und Winter Beeren, mürbes Obst.
**Vorlieben** An einer Futterstelle am Boden frostweiche Äpfel und Birnen sowie getrocknete Beeren.

 Allesfresser    Höhlenbrüter    Halbhöhlen-/Nischenbrüter    Freibrüter

*Sitta europaea*

# Kleiber

**GRÖSSE** gut sperlingsgroß |
**BEOBACHTUNGSZEIT** ganzjährig

Oberseite graublau, Unterseite orangebraun und im Gesicht eine schwarze Augenbinde – der Kleiber ist kaum zu verwechseln. Als einziger unserer Vögel schafft es der kurzschwänzige Kerl, einen Baumstamm kopfvoran hinabzuklettern. Sein Gesang ist laut und auffallend, eine langsame, monotone Folge immer gleicher Pfeiftöne.

**Vorkommen** In Laub- und Mischwäldern, oft auch in Parks und Gärten mit alten Bäumen.

**Nest** Brütet in Baumhöhlen, meist alten Spechthöhlen. Einen weiten Eingang mörtelt er mit Lehmklümpchen zu, bis er gerade noch hindurchpasst.

**Nahrung** Insekten, -larven, Spinnen und andere Kleintiere aus Rindenspalten, im Herbst zunehmend fetthaltige Samen (Bucheckern, Nüsse).

**Vorlieben** Nistkasten an einem großen Baum möglichst weit oben; kommt gerne an Futterstellen, um sich Nüsse oder Fettfutter zu holen.

*Certhia brachydactyla*

# Gartenbaumläufer

**GRÖSSE** kleiner und schlanker als ein Sperling |
**BEOBACHTUNGSZEIT** ganzjährig

Der zierliche Vogel mit dem dünnen, leicht gebogenen Schnabel und dem weißen Bauch sucht seine Nahrung an Baumstämmen. Dort ist er dank seiner rindenfarbigen Oberseite schwer zu sehen. Erst in Bewegung gibt er sich zu erkennen: Er klettert in kleinen Sprüngen am Stamm empor. Bei den ersten Ästen angekommen, fliegt er zum Fuß eines anderen Baums hinab, um dort erneut hochzuklettern.

**Vorkommen** Laub- und Mischwälder, Parks und Gärten mit alten Bäumen und gefurchter Rinde.

**Nest** In Baumhöhlen, z. T. in großen Rindenspalten.

**Nahrung** Insekten, -larven, Raupen, Spinnen, die er auch im Winter mit seinem Schnabel aus Rindenritzen und unter Baumflechten hervorstochert.

**Vorlieben** Braucht speziellen Nistkasten mit seitlichem, direkt am Baumstamm gelegenem Einschlupf (→ Seite 25); freut sich im Winter über Fettfutter, das Sie am besten an Baumrinde streichen.

  Standvogel  Teilzieher  Zugvogel  Körnerfresser  Insekten-/Weichfutterfresser

*Dendrocopos major*

# Buntspecht

**GRÖSSE** etwas kleiner als eine Amsel |
**BEOBACHTUNGSZEIT** ganzjährig

Den kontrastreich schwarz-weiß gefiederten Bunt-specht zeichnet ein leuchtend roter Steiß aus. Das Männchen hat zusätzlich einen roten Nackenfleck. Jungvögel tragen im ersten Jahr eine rote Scheitel-kappe. Ab Februar lässt der Buntspecht Serien kurzer, schneller Trommelwirbel erschallen, die dem Reviergesang der Singvögel entsprechen.
**Vorkommen** Wälder, Parks und Gärten mit hohen, alten Bäumen, auch mitten in Großstädten.
**Nest** In einer selbst gezimmerten Baumhöhle. Die Jungen machen sich lautstark bemerkbar, sobald ein Elternvogel herbeifliegt.
**Nahrung** Insekten, -larven aus Baumrinde oder morschem Holz, zuweilen Vogeleier und Nestlinge, im Herbst und Winter auch Beeren, Baumsamen.
**Vorlieben** Kommt oft an Futterstellen, schätzt dort Nüsse, Bucheckern, Sonnenblumenkerne, getrock-nete Beeren und Fettfutter, z.B. Meisenknödel.

*Picus viridis*

# Grünspecht

**GRÖSSE** knapp so groß wie eine Stadttaube |
**BEOBACHTUNGSZEIT** ganzjährig

Beide Geschlechter haben eine rote Scheitelkappe. Das Männchen hat zudem einen roten Bartstreif, das Weibchen einen schwarzen. Stochern meist am Boden nach Ameisen und anderen Kleintieren, sogar bei Schnee. Ihr schallendes »kjückjückjück« im Frühjahr klingt wie ein Lachen oder Wiehern.
**Vorkommen** Lichte Wälder, Feldgehölze, Obst-gärten, Alleen, Parks und Gärten mit alten Bäumen und Wiesenflächen mit Ameisen.
**Nest** In selbst gezimmerter Baumhöhle oder alter Höhle eines anderen Spechts.
**Nahrung** Sucht seine Nahrung fast nur am Boden, wo er nach Ameisen und deren Puppen stochert, frisst auch andere Insekten, Regenwürmer, kleine Schnecken und Fallobst.
**Vorlieben** Großer Nistkasten an hohem Baum; im Winter gern auch Fettfutter, das Sie am besten niedrig über dem Boden anbieten.

*Streptopelia decaocto*

# Türkentaube

**GRÖSSE** kleiner und zierlicher als eine Stadt-
taube | **BEOBACHTUNGSZEIT** ganzjährig

Die hübschen, beigebraunen Täubchen zieren sich
mit einem schmalen, schwarzen Halbring um den
Nacken. Sieht man sie von unten fliegen, fällt der
breite, weiße Saum des Schwanzes auf. Durch ein
monoton wiederholtes, dreisilbiges »ru-guh-gu«
(mit Betonung auf der mittleren Silbe) kennzeich-
net das Männchen sein Revier.
**Vorkommen** Erst im vergangenen Jahrhundert aus
Asien in Europa eingewandert; bei uns fast nur in
Siedlungen, sogar in Großstädten, in Stadtparks,
Gärten mit hohen Bäumen und auf Friedhöfen.
**Nest** Aus nur wenigen Zweigen und Halmen
gefügt, meist in Baumkronen oder hohen Sträu-
chern, in der Stadt manchmal auch an Gebäuden.
**Nahrung** Sämereien, Getreidekörner, Winter bis
Frühjahr Knospen, junge Triebe, im Herbst Beeren.
**Vorlieben** Kommt oft an Futterplätze, pickt unten
Körner auf, mag am liebsten kleine Samen.

*Columba livia* forma *domestica*

# Stadttaube/Straßentaube

**GRÖSSE** etwa 33 cm lang |
**BEOBACHTUNGSZEIT** ganzjährig

Die allgegenwärtigen und wenig scheuen Straßentauben sind die verwilderten Nachfahren entkom-
mener Haustauben. Diese stammen sämtlich von
der Felsentaube (*Columba livia*) ab und werden als
Brieftauben und unterschiedlichste Rassetauben
in Volieren gehalten. Daher sieht man außer den
»wildfarbenen« blaugrauen Tauben mit den zwei
schwarzen Flügelbinden auch schwarze, weiße, rot
oder braun gefärbte oder gescheckte Exemplare.
**Vorkommen** Weltweit in Dörfern und Städten.
**Nest** Flaches, locker gefügtes Nest an Fassaden-
absätzen, in Mauernischen, unter offenen Dächern
oder auf Balkonen.
**Nahrung** Sämereien, Getreidekörner, im Winter
und Frühjahr Knospen, junge Triebe; Brotkrümel.
**Vorlieben** Getreide, Körnerfutter. Achtung: Auf
öffentlichen Plätzen dürfen Straßentauben vielerorts nicht mehr gefüttert werden (zu hohe Anzahl).

  Standvogel  Teilzieher  Zugvogel  Körnerfresser  Insekten-/Weichfutterfresser

## Columba palumbus
# Ringeltaube

**GRÖSSE** deutlich größer als eine Stadttaube |
**BEOBACHTUNGSZEIT** ganzjährig

Was oft für einen Halsring gehalten wird, sind tatsächlich nur zwei weiße Flecken an den Halsseiten,
mit denen sich die große, graue Taube mit der vio-
lett getönten Brust schmückt. Der einstige Waldvogel hat die Stadt mehr und mehr für sich entdeckt.
Sein Revier steckt das Männchen durch fünfsilbige
Rufe wie »ru-guu-gu gu-gu« (Betonung auf der
zweiten Silbe) ab. In winterkalten Gegenden ziehen
viele Ringeltauben nach Süd- oder Westeuropa.
**Vorkommen** In Wäldern mit angrenzenden Wie-
sen, Feldgehölzen und Alleen, Parks und Gärten mit
hohen Bäumen, zunehmend auch in Stadtzentren.
**Nest** »Unordentliches« flaches Nest in Baumkronen, hohen Sträuchern oder auf Mauersimsen.
**Nahrung** Sämereien, Getreidekörner, auch Knos-
pen und Triebspitzen sowie Beeren.
**Vorlieben** Körnerfutter aller Art, vorzugsweise am
Boden oder auf Futterbrettern ausgestreut.

## Garrulus glandarius
# Eichelhäher

**GRÖSSE** etwa taubengroß |
**BEOBACHTUNGSZEIT** ganzjährig

Der zimtbraune Vogel mit dem markanten Bartstreif
und dem hellblauen Flügelfeld macht oft durch
einen lauten, rätschenden Alarmruf auf sich auf-
merksam. Sein leiser, irgendwie »bauchrednerisch«
klingender Gesang mit seinen schwätzenden und
schnalzenden Lauten fällt dagegen nur selten auf.
**Vorkommen** Laub- und Mischwälder, Feldgehölze,
Stadtparks und Gärten mit hohen Bäumen.
**Nest** Flache Konstruktion aus Reisig, in dichten
Kronen von Bäumen oder hohen Sträuchern.
**Nahrung** Überwiegend große Baumsamen wie
Eicheln, Bucheckern, Haselnüsse, im Spätsommer
und Herbst zudem Beeren und andere Früchte,
auch Eier und Nestlinge von kleinen Vogelarten;
zur Jungenaufzucht Insekten und andere Kleintiere.
**Vorlieben** Holt sich gröberes Futter (Nüsse, Mais-
körner, Sonnenblumenkerne) von Futterbrettern,
sucht herabgefallene Kerne unter Futterhäuschen.

*Pica pica*

# Elster

**GRÖSSE** etwa taubengroß mit körperlangem Schwanz | **BEOBACHTUNGSZEIT** ganzjährig

Sein schwarz-weißes Gefieder und der lange Schwanz machen den Rabenvogel unverkennbar. Nach der herbstlichen Mauser breitet sich ein schöner blauer und grüner Glanz auf Schwanz und Flügeln aus. Während die lauten, schäckernden Rufreihen der Elstern häufig zu hören sind, ist ihr nasaler und schwätzender Gesang unauffällig und leise.
**Vorkommen** In offenen Landschaften mit Bäumen, in Grünanlagen von Dörfern und Städten.
**Nest** Großes, stabiles, überdachtes Reisignest mit Reisigkuppel in Baumkronen, hohen Sträuchern.
**Nahrung** In erster Linie große Insekten und deren Larven, Würmer, Schnecken und Spinnen, dazu Eier und Nestlinge von Kleinvögeln und sogar Mäuse, im Herbst und Winter Beeren und frostweiches Obst, immer auch Abfälle und Aas.
**Vorlieben** Häufig gesehener Gast an Futterstellen, bedient sich an ausgelegtem Futter aller Art.

*Corvus monedula*

# Dohle

**GRÖSSE** nur wenig größer als eine Taube | **BEOBACHTUNGSZEIT** ganzjährig

Der kleine, schwarze Rabenvogel mit dem grauen Nacken und den hellblauen Augen fliegt stets in kleinen Schwärmen, brütet in Kolonien und mischt sich im Winter gern unter Saatkrähenschwärme. Die Rufe sind sehr vielfältig, oft ein kurzes, helles »jüp«.
**Vorkommen** In offenem, von Hecken und Baumgruppen durchsetztem Gelände, in Siedlungen mit altem Gemäuer, Stadtparks und Gärten mit großen, alten Bäumen; im Winter bei uns viele Zuzügler aus Nord- und Osteuropa.
**Nest** Oft mit »kreativem« Bau- und Polstermaterial wie Papierfetzen oder Plastikstreifen, in Baumhöhlen, Felshöhlungen oder Mauernischen.
**Nahrung** Große Insekten, -larven, Würmer, Spinnen, Mäuse- oder Vogelnestlinge, im Herbst Früchte und Samen, im Winter auch Abfälle des Menschen.
**Vorlieben** Große Nistkästen mit weitem Einschlupfloch; ausgelegtes Futter aller Art.

  Standvogel  Teilzieher  Zugvogel Körnerfresser  Insekten-/Weichfutterfresser

*Corvus corone corone*
# Rabenkrähe

**GRÖSSE** knapp 50 cm lang |
**BEOBACHTUNGSZEIT** ganzjährig

Die von der Schnabel- bis zur Schwanzspitze komplett schwarzen Rabenkrähen (→ linkes Bild) leben in einer lebenslangen Einehe in ihrem Brutrevier. Ihr lautes, kraftvolles »kraa« ist weithin zu hören. In Nordosteuropa und von den Alpen südwärts werden sie von den am Rücken und Bauch grau gefiederten Nebelkrähen (*Corvus corone cornix*, → rechtes Bild) vertreten. Beide sind verschieden gefärbte Unterarten der Aaskrähe (*Corvus corone*). Wo ihre Brutgebiete aneinandergrenzen, treten auch Mischlinge mit mehr oder weniger Grau auf.

**Vorkommen** In offenen, baumbestandenen Kulturlandschaften, in Dörfern und Städten in Parks und Gärten mit Bäumen, auch mitten in Großstädten; im Winter viele Zuzügler aus Nordeuropa.
**Nest** Großes Nest aus stabilen Ästchen und Zweigen, hoch oben in Baumkronen.
**Nahrung** Große Insekten und Kleintiere aller Art, auch Mäuse sowie Eier und Nestlinge von Kleinvögeln, im Herbst Früchte und Samen, im Winter verstärkt Nahrungsabfälle des Menschen und Aas.
**Vorlieben** Vielen gelten Krähen als Nesträuber, Störenfriede oder unheimliche Gesellen. Objektiv betrachtet sind sie intelligente Vögel mit reichem Sozialverhalten, das man vor allem dann gut beobachten kann, wenn sich die schwarzen Kerle an Vogelfutter (aller Art) bedienen. Besonders gern nehmen sie im Winter in Stücke geschnittene Fettschwarten an (vom Metzger geben lassen).

# Seltene Gäste am Futterhaus

An Futterplätzen geben sich die Gartenvögel ein Stelldichein und lassen sich bestens beobachten. Zuweilen tauchen hier aber auch gefiederte Gäste auf, die man sonst kaum sieht. Einige seien hier kurz vorgestellt.

**ROTDROSSEL** Im Herbst und Frühling legen Rotdrosseln bei uns oft einen Zwischenstopp auf ihrem Zug vom und ins Brutgebiet ein. Sie schätzen Beeren und Weichfutter.

**GRAUSPECHT** Er sieht dem Grünspecht (→ Seite 53) recht ähnlich, hat aber einen schmalen schwarzen Bartstreif und dunkle Augen, außerdem trägt nur das Männchen eine r[o]te Stirnkappe. Im Winter freut er sich über Fettfutter sowie am Boden liege[n]des mürbes Obst und Weichfutter.

**BERGFINK** Der sperlingsgroße Fink ist an Brust und Flügelbug rostrot, am Bauch und Bürzel weiß, das Männchen hat einen grau-braun-schwarz melierten Kopf. Er taucht bei uns als Durchzügler oder Wintergast auf und sucht gewöhnlich am Boden nach Körnernahrung.

**GOLDAMMER** Die im Prachtkleid kanariengelben Vögel mit zimtbraunem Bürzel suchen bei Bodenfütterungen nach Haferflocken und kleinen Samen.

**KERNBEISSER** Der knapp starengroße, bunte Vogel mit dem klobigen Schnabel ist auf das Aufknacken von harten Samen spezialisiert. Er schätzt Körnerfutter.

**HAUBENMEISE** Die Bewohnerin von Nadelwäldern holt sich im Winter Samen aus Futterhäuschen, die sie als Notreserve in Rindenritzen lagert.

**BLUTHÄNFLING** Das Männchen hat eine karminrote Brust, die Weibchen könnte man mit Sperlingen verwechseln, hätten sie nicht beim Auffliegen weiße Flügelfelder und Schwanzkanten. Bei Bodenfütterung sucht der seltene Gast kleine Sämereien.

**SEIDENSCHWANZ** Der pummelige, starengroße Vogel mit dem knallgelben Schwanzsaum kommt im Winter aus dem hohen Norden zu uns und erntet, oft scharenweise, die an Sträuchern hängengebliebenen Beeren ab – oder holt sich an Futterstellen Weichfutter.

# BILDNACHWEIS

## Literatur

### Weiterführende Literatur

> Berthold, P., Mohr, G.: Vögel füttern – aber richtig. Franckh-Kosmos Verlag, Stuttgart

> Egidius, H.: Vögel füttern rund ums Jahr. Verlag Eugen Ulmer, Stuttgart

> Gabler, E.: Vogel- und Futterhäuschen. BLV Buchverlag, München

> Gutjahr, A.: Vögel zu Gast im Garten. Beobachten, bestimmen, schützen. Naumann & Göbel Verlagsgesellschaft, Köln

---

### Wichtige **Hinweise**

> Wenn Sie sich bei der Arbeit mit Pflanzen und Erde verletzen, sollten Sie umgehend einen Arzt aufsuchen. Eventuell ist eine Impfung gegen Tetanus erforderlich.

> Einige der hier beschriebenen Pflanzen oder deren Früchte sind für Menschen giftig. Halten Sie kleine Kinder von ihnen fern.

> Wenn Sie im Garten einen kranken oder toten Vogel finden, berühren Sie ihn vorsichtshalber nur mit Einmal- oder Haushaltshandschuhen. Er könnte an einer Infektionskrankheit leiden oder gelitten haben, deren Erreger im Sinne einer Zoonose möglicherweise auf Menschen übergehen.

---

> Hofmann, H.: Nisthilfen, Insektenhotels & Co selber machen. Gräfe und Unzer Verlag, München

> Singer, D.: Vogeltreffpunkt Futterhaus. Franckh-Kosmos, Stuttgart

### Bestimmungsbücher für Vögel

> Hofmann, H.: Gartenvögel. Die wichtigsten Arten entdecken und bestimmen. Gräfe und Unzer Verlag, München

> Gartenvögel bestimmen leicht gemacht. Gräfe und Unzer Verlag, München

> Jonsson, L.: Die Vögel Europas und des Mittelmeerraumes. Franckh-Kosmos Verlag, Stuttgart

### App mit Vogelstimmen

> Vögel bestimmen. Die 125 wichtigsten Arten. Gräfe und Unzer Verlag, München

## Naturschutz allgemein

> LBV Landesbund für Vogelschutz in Bayern (LBV) e.V., Landesgeschäftsstelle: Eisvogelweg 1, 91161 Hilpoltstein, www.lbv.de

> NABU Naturschutzbund Deutschland e.V., Charitéstr. 3, 10117 Berlin, www.nabu.de

## Bezugsquellen

### Pflanzen und Saatgut

> Garten Schlüter, Bahnhofstr. 5, 25335 Bokholt-Hanredder, www.garten-schlueter.de

### Gehölze

> Baumschule Horstmann GmbH & Co. KG, Schäferkoppel 3, 25560 Schenefeld, www.baumschule-horstmann.de

> Karl Schlegel OHG Baumschulen, Göffinger Str. 40, 88499 Riedlingen, www.karl-schlegel.de, online-Verkauf über: www.garten-center-shop24.de

### Wildblumensamen online kaufen

> www.samenhaus.de
> www.wildblumensaatgut.at
> www.baldur-garten.de

### Nistkästen und Futterhilfen

> Schwegler Vogel- und Naturschutzprodukte GmbH, Heinkelstraße 35, 73614 Schorndorf, www.schwegler-natur.de

> Vivara Naturschutzprodukte, Kaiserswerther Str. 115, 40880 Ratingen, www.vivara.de

> Hasselfeldt Artenschutzprodukte, Dorfstr. 10, 24613 Aukrug, www.hasselfeldt-naturschutz.de

> Der Futter-Spatz, Schloßstr. 1, 78357 Mühlingen, www.futter-spatz.de

### Vogelfutter online kaufen

> www.zooplus.de
> www.vivara.de
> www.vogeltreff24.de
> www.fressnapf.de

# Gartenlust pur.

ISBN 978-3-8338-4738-7

ISBN 978-3-8338-3937-5

ISBN 978-3-8338-2904-8

ISBN 978-3-8338-3790-6

ISBN 978-3-8338-5669-9

 Auch als eBook erhältlich.

### Die Autorin

**Helga Hofmann** studierte Biologie mit den Schwerpunkten Botanik und Zoologie, insbesondere Verhaltensforschung, außerdem Chemie und Pädagogik. Während und nach Ihrer Promotion forschte sie zu botanischen und ökologischen Fragestellungen an der Universität München, bevor sie sich als Lektorin für Biowissenschaften selbstständig machte und selbst auch zahlreiche Bücher schrieb.

**GRÄFE UND UNZER**

*Ein Unternehmen der*
**GANSKE VERLAGSGRUPPE**

**Projektleitung:** Elke Sieferer
**Lektorat:** Dr. Stefanie Gronau
**Bildredaktion:** Ute Rather, Petra Ender (Cover)
**Konzeption der Umschlaggestaltung und Layout:** independent Medien-Design, Horst Moser, München
**Umschlaggestaltung:** h3a GmbH, München
**Herstellung:** Mendy Willerich
**Satz:** Uhl + Massopust, Aalen
**Reproduktion:** Longo AG, Bozen
**Druck und Bindung:** Werbedruck Schreckhase, Spangenberg
Printed in Germany
**Syndication:** www.seasons.agency

ISBN 978-3-8338-6135-2
1. Auflage 2017

**Liebe Leserin, lieber Leser,**

haben wir Ihre Erwartungen erfüllt? Sind Sie mit diesem Buch zufrieden? Haben Sie weitere Fragen zu diesem Thema? Wir freuen uns auf Ihre Rückmeldung, auf Lob, Kritik und Anregungen, damit wir für Sie immer besser werden können.

**GRÄFE UND UNZER Verlag**
Leserservice
Postfach 86 03 13
81630 München
E-Mail:
leserservice@graefe-und-unzer.de

Telefon: 00800 / 72 37 33 33*
Telefax: 00800 / 50 12 05 44*
Mo–Do: 9.00 – 17.00 Uhr
Fr:       9.00 – 16.00 Uhr
*(\* gebührenfrei in D, A, CH)*

**Ihr GRÄFE UND UNZER Verlag**
*Der erste Ratgeberverlag – seit 1722.*

### Umwelthinweis
Dieses Buch ist auf PEFC-zertifiziertem Papier aus nachhaltiger Waldwirtschaft gedruckt.

www.facebook.com/gu.verlag